ThoMistica

3

Photo by Aaron Burden (part.)

Phronesis Editore – 90121 Palermo
Collana THOMISTICA
https://phronesis.it/
phronesis.editore@gmail.com
II° Edizione 2021

Fulvio Di Blasi

QUESTIONI DI LEGGE NATURALE

Fede, euthanasia, matrimonio, aborto, omosessualità

PHRONESIS EDITORE

A mio fratello Riccardo

Sommario

Introduzione

Riprendo in questo testo, con lievi modifiche, alcuni miei scritti accomunati dal riferimento alla legge naturale, che è sia un qualcosa che esiste in modi diversi nella mente di Dio e nella natura umana sia un metodo di approccio alle questioni etiche ed antropologiche.

A Étienne Gilson piaceva molto *cosificare*. La filosofia deve sempre riuscire ad indicare con chiarezza la *cosa* di cui intende parlare, che sia un concetto, un'entità spirituale o un ente materiale: pena, la confusione e la mancanza di chiarezza. La legge naturale, sotto questo profilo, ha un senso se corrisponde a qualcosa di effettivamente esistente. Questo qualcosa è duplice: nella mente di Dio, essa corrisponde a un ente di ragione, nel mondo creato alla natura corporeo spirituale dell'uomo.

Per quanto riguarda il metodo, invece, la legge naturale riguarda la teoria della conoscenza e si fonda sulla nostra possibilità di comprendere, seguendo un percorso rigorosamente razionale, i significati teoretici ed etici della natura, inclusa l'apertura di questa all'eterno e al trascendente. Di questi aspetti più fondamentali non posso dire di più in questa sede e devo rimandare ai miei scritti principali sull'argomento.[1]

La prima parte del libro è composta da tre capitoli più estesi degli altri che affrontano in maniera, per così dire, più distaccata e teorica tre importanti tematiche: il rapporto tra la legge naturale e la fede cristiana, il senso dei rapporti coniugali e la questione dell'eutanasia.

Il primo in particolare – *Legge naturale e praeambula fidei* – è l'unico che si muove su un terreno propriamente teologico. Chi non fosse interessato alle questioni teologiche può pertanto saltarlo senza rimorsi o rimpianti. Per i credenti però è importante capire quanto il discorso sulla legge naturale tocchi in profondità l'impalcatura su cui si regge il *depositum fidei*. Per me, come credente e studioso della legge naturale, è importante cercare di dare un contributo specifico in questa direzione. In questo primo saggio, ho anche deciso di lasciare alcune citazioni di San Tommaso in latino. Chi ha detto, infatti, che in Italia non si può più citare nulla in latino? Dopo anni di insegnamento in America,

---

1 F. DI BLASI, *Dio e la legge naturale. Una rilettura di Tommaso d'Aquino*, Phronesis Editore, II edizione, Palermo, 2021; *Conoscenza pratica, teoria dell'azione e bene politico*, Rubbettino, Soveria Mannelli, 2006; *John Finnis*, Phronesis, Palermo, 2008; *Ritorno al diritto: miti e leggende della scienza giuridica contemporanea*, Edizioni Phronesis, Palermo, 2009.

per me citare in latino è diventato un altro modo per sentirmi con orgoglio italiano e per valorizzare le mie origini e punti di forza culturali. Ma chi avesse difficoltà col latino e fosse nondimeno interessato alla questione teologica oggetto del primo capitolo non si preoccupi. Quelle citazioni si possono saltare a piè pari senza grave nocumento per la comprensione complessiva dello scritto.

Il secondo e il terzo capitolo nascono da esperienze di insegnamento fatte sia in Italia che negli Stati Uniti, e non ho motivo di soffermarmi specificamente su di essi in questa introduzione. Mi auguro che risultino sufficientemente chiari e immediati, e che piacciano anche a chi si troverà in disaccordo con le mie tesi.

I capitoli della seconda parte del libro si muovono maggiormente in quello che indichiamo solitamente come "dibattito pubblico", e hanno di conseguenza un approccio meno distaccato e più divulgativo, ma non per questo superficiale o poco interessante. Due di essi riguardano il matrimonio, la famiglia e l'etica sessuale, e fanno per ciò bene da complemento al saggio sui rapporti coniugali della prima parte del libro.

Altri due toccano entrambi la questione dell'aborto a nascita parziale, che ha fortemente caratterizzato il dibattito pubblico americano degli ultimi anni ma è rimasta (stranamente!) pressoché sconosciuta ai lettori italiani. Questi capitoli rispecchiano fedelmente due articoli pubblicati rispettivamente ad aprile 2004 e a maggio 2007 in occasione dei momenti più caldi dello scontro politico sulla questione. Per esigenze editoriali giornalistiche, l'articolo del 2007 riprende, senza citazioni formali, alcuni passi di quello del 2004. In questa sede, ho deciso di lasciarli come originariamente apparsi. Lo svantaggio, per chi li legge adesso uno dopo l'altro, è di una certa sgradevole ripetitività di alcuni passi. Il vantaggio è di preservare la veridicità storicità e la coerenza argomentativa indipendente di ognuno di essi.

Il dibattito, purtroppo, non si è chiuso nonostante la legge di George W. Bush contro questa pratica disumana. Molti non sanno che, come già avvenne per Bush contro John Kerry nel 2004, l'aborto a nascita parziale fu uno degli elementi che portarono alla Vittoria di Donald Trump contro Hillary Clinton nel 2016. La Clinton, infatti, che è sempre stata una fanatica abortista, non esitò a difendere pubblicamente, nel terzo dibattito presidenziale con Trump, l'aborto a nascita parziale,[2] che è una pratica talmente aberrante che quando divenne di dominio pubblico molti abortisti divennero antiabortisti e l'opinione pubblica americana si spostò un poco di più su posizioni pro-life. Ci sono

---

2 Cfr., "Clinton vs. Trump: The third 2016 presidential debate", Minuti 11:30-16:43, URL:
https://www.youtube.com/watch?v=0s4HTZUI2QU.

molti motivi per dire che le vittorie di Bush e Trump sono state determinate in misura rilevante dall'etica più che dalla politica o dall'economia. Per me è surreale che, perfino oggi, i democratici americani continuino a promuovere o a mostrarsi favorevoli all'aborto a nascita parziale. Di recente, ad esempio, il *Secretary of Health and Human Services* (HHS), Xavier Becerra, ha dichiarato, contro ogni evidenza normativa anche letterale, che esista un divieto legislativo dell'aborto a nascita parziale.[3] Anche oggi, quindi, può essere importante rivisitare quanto successo tra il 2004 e il 2007 ed assumere consapevolezza di questo mostro che si continua ad aggirare per i nostri sistemi giuridici e sociali e che si chiama aborto a nascita parziale.

In questa seconda edizione, visto l'intensificarsi del dibattito in proposito, ho aggiunto un breve articolo che scrissi anni fa sulle leggi speciali contro la cosiddetta omofobia, che è un termine polemico inventato per offendere senza distinzioni chiunque la pensa diversamente dai pro-gay sulla moralità degli atti sessuali tra persone dello stesso sesso. In questo articolo, affronto il tema dal solo punto di vista del principio di eguaglianza.

---

3 Cfr., M. Hadro, "HHS Secretary: 'There is no law' against 'partial-birth abortion'", CNA, 12 maggio 2021, URL: https://www.catholicnewsagency.com/news/247637/hhs-secretary-there-is-no-law-against-partial-birth-abortion.

Negli anni, ho ricevuto tante richieste di file o copie cartacee da parte di persone che volevano leggere uno o l'altro degli scritti che confluiscono nel presente testo. Spero che la soluzione editoriale che ho scelto li soddisfi.

Parte I

I. Legge naturale e *preambula fidei*

«*Sic ergo in sacra doctrina philosophia possumus tripliciter uti. Primo ad demonstrandum ea quae sunt praeambula fidei, quae necesse est in fide scire, ut ea quae naturalibus rationibus de deo probantur, ut deum esse, deum esse unum et alia huiusmodi vel de deo vel de creaturis in philosophia probata, quae fides supponit. Secundo ad notificandum per aliquas similitudines ea quae sunt fidei, sicut Augustinus in libro de trinita utitur multis similitudinibus ex doctrinis philosophicis sumptis ad manifestandum trinitatem. Tertio ad resistendum his quae contra fidem dicuntur sive ostendendo ea esse falsa sive ostendendo ea non esse necessaria*».[4]

Secondo Tommaso d'Aquino, il primo compito della filosofia nel contesto della sacra dottrina o teologia (cioè, la scienza delle cose rivelate da Dio), è la dimostrazione dei preamboli della fede, il secondo aiutarci con similitudini a comprendere le verità soprannaturali, e il terzo difendere la fede contro gli errori.

---

4 Tommaso d'Aquino, In Boethii de trinitate, I, q. 2, a. 3 c3.

I preamboli della fede sono verità su Dio o sulle creature che non sono articoli di fede in quanto tali ma che la ragione può dimostrare e che la fede presuppone, come la grazia presuppone la natura e il perfetto il perfettibile.

> «*deum esse, et alia huiusmodi quae per rationem naturalem nota possunt esse de deo, ut dicitur Rom. I non sunt articuli fidei, sed praeambula ad articulos, sic enim fides praesupponit cognitionem naturalem, sicut gratia naturam, et ut perfectio perfectibile*».[5]

Ci sono tante cose senza le quali Dio non potrebbe salvarci. Ad esempio, l'esistenza: se né l'universo né l'uomo fossero stati creati Dio non potrebbe salvarli. O la libertà: se l'uomo non fosse un essere libero non potrebbe né peccare né essere redento dai suoi peccati. Queste cose non limitano Dio, a meno di ritenere un limite di Dio la sua stessa sapienza, che vede l'ordine tra le cose che crea e non agisce su di esse con falsità ed errore. La dottrina dei *praeambula fidei* implica che, tra le cose necessarie alla Rivelazione soprannaturale, Dio ha previsto anche, per così dire, il buon operare della

---

5 TOMMASO D'AQUINO, *Summa theologiae* (*ST*), I, q. 2, a. 2 ad 1.

natura razionale dell'uomo, il quale a sua volta presuppone l'apertura a certe verità e la tensione verso certi beni. È in questo senso di *presupposto metafisico necessario* che Tommaso applica il termine "preambolo" anche alla sinderesi (cioè, alla prima attualità necessaria all'operare dell'intelletto pratico) rispetto alle virtù morali naturali e a quelle soprannaturali.

> *«actus synderesis non est actus virtutis simpliciter, sed praeambulum ad actum virtutis, sicut naturalia sunt praeambula virtutibus gratuitis et acquisitis».*[6]

Tradizionalmente, i principali preamboli della fede sono considerati l'esistenza di Dio, perché se l'uomo non avesse una certa nozione (per quanto confusa e indefinita) di Dio non potrebbe accettarne l'invito soprannaturale, e l'immortalità dell'anima, perché se non sapessimo in qualche modo di essere immortali non potremmo aprirci alla rivelazione sulla felicità eterna del paradiso. Dai preamboli della fede, si distinguono poi i cosiddetti motivi di credibilità: verità come l'esistenza storica di Gesù o i miracoli, che rendono ragionevole la rivelazione e più agevole l'accoglimento del dono soprannaturale

---

6 TOMMASO D'AQUINO, *Quaestiones disputatae de veritate*, q. 16, a. 2 ad 5.

della fede. È questo d'altronde uno dei motivi ispiratori della *Summa contra gentiles* di San Tommaso: che, poiché molti non accettano l'autorità delle Scritture è necessario far leva sulla ragione naturale: «*necesse est ad naturalem rationem recurrere, cui omnes assentire coguntur [...] et quomodo demonstrativa veritas, fidei christianae religionis concordet*».[7]

L'uomo capax dei

Al concetto di *praeambula fidei* si rifà quello di uomo *capax dei*, con cui tradizionalmente si apre l'esposizione della dottrina cristiana.

Se osserviamo la struttura della prima parte del Catechismo della Chiesa Cattolica, intitolata «La professione della fede», vediamo subito che la prima preoccupazione del Magistero è chiarire bene che, con riguardo alla fede, la *prima mossa* è di Dio, il quale decide di rivelare se stesso agli esseri umani (capitolo secondo del Catechismo: *Dio viene incontro all'uomo*). Solo la *seconda mossa* spetta all'uomo (capitolo terzo: *La risposta dell'uomo a Dio*). Anzitutto, però, prima ancora di parlare della rivelazione soprannaturale di Dio, vi è un primo capitolo intitolato: *L'uomo è "capace" di Dio*. Il moti-

---

7 TOMMASO D'AQUINO, *Summa contra gentiles*, I, 2.

vo teorico della precedenza di questo capitolo è precisamente quello che sta anche alla base del concetto di *praeambula fidei*: se l'uomo non fosse *capax Dei* non sarebbe per lui possibile ricevere il messaggio successivo che Dio vuole inviargli.[8] Ma che significa per il Catechismo che l'uomo è *capax dei*?

Questo primo capitolo del Catechismo sottolinea, nelle parti II e III, che l'uomo con la sua ragione naturale, partendo dal «mondo materiale» e dalla «persona umana», è capace di «pervenire ad una conoscenza vera e certa di un Dio personale»; e che è questo il motivo per cui è possibile «parlare di Dio a tutti gli uomini e con tutti gli uomini», e dialogare «con le altre Religioni, con la filosofia e le scienze, come pure con i non credenti e gli atei» (parte IV). L'inizio del capitolo, la parte I, è invece dedicato alla capacità naturale *di ordine morale*: cioè, al *desiderio di Dio*. Qui, il Catechismo richiama immediatamente il seguente passo della *Gaudium et Spes*: «La ragione più alta della dignità dell'uomo consiste nella sua vocazione alla comunione con Dio. *Fin dal suo nascere l'uomo è invitato al dialogo con Dio*: non esiste, infatti, se non perché, creato per amore da Dio, da lui sempre per

---

8 Naturalmente, la mossa originaria è di Dio: che ha rivelato se stesso nella creazione (rivelazione naturale) e ha fatto la natura umana *capax Dei*.

amore è conservato, né vive pienamente secondo verità *se non lo riconosce liberamente e se non si affida al suo Creatore*».[9]

Uomo *capax dei* significa quindi fondamentalmente due cose: conoscenza *naturale* di Dio e amore *naturale* di Dio. La dottrina dell'uomo *capax dei* è così un sunto della visione cristiana etico antropologica della natura umana: una natura che non è *autosufficiente*,[10] che non può trovare in sé la sua risposta, e che si apre naturalmente e spontaneamente a Dio come fine e significato ultimo della realtà.[11] In altre parole, secondo la dottrina dell'uomo *capax dei*, l'uomo è un essere *naturalmente religioso*, la cui natura, per funzionare correttamente, ha bisogna di una certa nozione, seppur confusa, di Dio come fine ultimo.

---

9 Il corsivo è mio.

10 Cfr., GIOVANNI PAOLO II, *Varcare la soglia della speranza*, Mondadori, Milano, 1994, pp. 55-69.

11 Ho approfondito specificamente il concetto metafisico di bene rispetto a Dio come fine ultimo nel mio "Knowledge of the Good as Participation in God's Love", *Giornale di Metafisica* 2/2005, disponibile anche in versione italiana, lievemente rivista, in F. DI BLASI, *Conoscenza pratica, teoria dell'azione e bene politico*, Rubbettino, Soveria Mannelli, 2006.

Beatitudine e dilectio naturalis

Tommaso d'Aquino esprime ciò esplicitamente sia al livello teoretico che morale:

> «*cognoscere deum esse in aliquo communi, sub quidam confusione, est nobis naturaliter insertum, inquantum scilicet deus est hominis beatitudo, homo enim naturaliter desiderat beatitudinem, et quod naturaliter desideratur ab homine, naturaliter cognoscitur ab eodem. Sed hoc non est simpliciter cognoscere deum esse; sicut cognoscere venientem, non est cognoscere Petrum, quamvis sit Petrus veniens, multi enim perfectum hominis bonum, quod est beatitudo, existimant divitias; quidam vero voluptates; quidam autem aliquid aliud*».[12]

Questa conoscenza generale di Dio, cui fa riferimento Tommaso in questo passo, non è *simpliciter* la conoscenza di Dio raggiungibile dai filosofi coi loro ragionamenti (o dai credenti con la fede), altrimenti non potrebbe essere *nobis naturaliter inserta*. È però una certa conoscenza necessaria che determina il modo in cui noi ci rivolgiamo al fine ultimo della nostra vita, al punto che se, per *sbaglio*

---

12 *ST*, I, q. 2, a. 1 ad 1.

(cioè, per un errore della nostra *ratio* naturale), ritenessimo che detto fine ultimo risieda nelle ricchezze o nei piaceri staremmo realmente trasformando le ricchezze e i piaceri in una sorta di dio: le staremmo cioè *idolatrando*.

Questo discorso di Tommaso diviene – poco più avanti nella *Summa theologiae* – una spiegazione ancora più tecnica – metafisica, antropologica ed etica – della *dilectio naturalis* della natura umana.

In *Summa theologiae*, I, q. 60, a. 1, parlando dell'*amor seu dilectio naturalis* degli angeli,[13] egli afferma immediatamente che «la dilezione naturale è sempre retta: poiché l'amore naturale [*amor naturalis*] non è altro che l'inclinazione impressa nella natura dall'Autore della natura [*inclinatio naturae indita ab Auctore naturae*]».[14] Egli spiega poi che «tutte le nature hanno come comune proprietà un'inclinazione, che è precisamente l'appetito o amore naturale. Tale inclinazione si trova in maniere diverse nelle varie nature, in ciascuna secondo il suo modo di essere: per gli esseri dotati

---

13 È chiaro che, non potendo noi *sperimentare* la natura angelica, l'approccio filosofico agli angeli dipende dall'analogia con la natura razionale umana. Esso presuppone, dunque, di approfondire allo stesso tempo la comprensione dell'intelletto e della volontà come si danno negli esseri umani.

14 *ST*, I, q. 60, a. 1 ad 3.

d'intelligenza l'inclinazione naturale si produce nella volontà; per quelli dotati di senso nell'appetito sensitivo; e per le nature prive di cognizione essa si riduce alla propensione della natura stessa verso qualche cosa».[15]

Senza *dilectio naturalis* nulla potrebbe muoversi. E, per quanto riguarda l'uomo, senza l'inclinazione della sua volontà verso il fine ultimo (felicità, *beatitudo*), egli non potrebbe muoversi perché «da questo atto naturale della volontà sono causati tutti gli altri atti volitivi (*ex hac naturali voluntate causantur omnes aliae voluntates*); poiché tutto ciò che l'uomo vuole, lo vuole in vista del fine».[16] Da qui viene la differenza tra *dilectio naturalis* e *dilectio electiva*. Infatti, «la dilezione del bene, che l'uomo appetisce naturalmente come suo fine, è una dilezione naturale: la dilezione invece che ne deriva, che cioè appetisce un bene in vista del fine, è una dilezione deliberata».[17]

Gli angeli e gli uomini amano se stessi sia con *dilectio naturalis* che con *dilectio electiva*. Ciò è coerente perché «una cosa può essere amata» in due modi: o come «un bene sussistente» o come

---

15 *ST*, I, q. 60, a. 1 c.

16 *ST*, I, q. 60, a. 2 c.

17 *ST*, I, q. 60, a. 2 c.

«un bene accidentale o inerente». Un soggetto, in altre parole, può essere *inclinato* semplicemente «a conseguire ciò che per lui è un bene» (dilezione naturale), e questa inclinazione appartiene sia alle creature razionali che alle creature irrazionali: «perciò l'angelo, come l'uomo, ama se stesso di amore naturale, in quanto per l'appetito naturale desidera un bene a se stesso».[18] Ma angeli e uomini possono anche desiderare qualcosa «*per electionem*»: cioè, come mezzo strumentale al loro bene. In questo caso, essi desiderano il mezzo «ad altro» (*alteri*) e amano se stessi con *dilectio electiva*. L'esempio dato da Tommaso è abbastanza chiaro: quando si desidera *la conoscenza* (*scientia*), non la si ama in se stessa (*ut ipsa sit bona*), ma in quanto sia posseduta (*ut habeatur*); quest'ultimo è l'amore detto «di concupiscenza».[19]

A questo punto, dopo aver spiegato che l'angelo (e quindi anche l'uomo) ama «l'altro con dilezione naturale come ama se stesso (*sicut seipsum*)»,[20] Tommaso si accosta all'ultimo e più importante articolo della *quaestio* 60: «Se un angelo con dilezione naturale ami più Dio di se stesso [*utrum angelus naturali dilectione diligat Deum plus*

---

18 *ST*, I, q. 60, a. 3 c.

19 *ST*, I, q. 60, a. 3 c.

20 *ST*, I, q. 60, a. 4.

quam seipsum]».[21] E qui la sua idea sulla natura umana appare estremamente chiara e netta.

> «[Per dilezione naturale] l'angelo e l'uomo amano Dio prima e più di se stessi. Diversamente, se cioè amassero per natura più se stessi che Dio, ne seguirebbe che la dilezione naturale sarebbe perversa; essa perciò non sarebbe perfezionata ma distrutta dalla carità [naturali dilectione etiam angelus et homo plus et principalius diligat Deum quam seipsum. Alioquin si naturaliter plus seipsum diligeret quam Deum, sequeretur quod naturalis dilectio esse perversa, et quod non perficeretur per charitatem, sed destrueretur]».

Le ultime parole di questo passaggio mostrano inequivocabilmente quanto Tommaso fosse consapevole delle implicazioni delle sue idee filosofiche sulla *dilectio naturalis*. L'inclinazione dell'uomo ad *amare Dio prima e più di se stesso* è un fondamento naturale necessario dell'azione, della libertà prima, e della grazia poi. In quanto inclinazione primaria della volontà, essa risiede infatti nella sinderesi come atto primo, e rientra pienamente nel senso della sinderesi come *preambolo* che emerge dal passo ri-

---

21 *ST*, I, q. 60, a. 5.

portato più sopra. Senza questa inclinazione e senza la libertà umana, inoltre, non potrebbe esserci l'azione della grazia. In questo senso, l'amore naturale di Dio è certamente un preambolo della fede. Se l'uomo non amasse di già Dio in questo modo *per natura*, la natura umana «sarebbe perversa» e «non sarebbe perfezionata ma distrutta dalla carità». Il fine ultimo naturale, in questo senso, non appare diverso da quello soprannaturale.[22]

Veritatis Splendor e carattere religioso dell'etica

La visione etico antropologica che fa da sfondo al concetto di uomo *capax dei* e di *praeambula fidei* emerge anche molto suggestivamente dal modo in cui la *Veritatis Splendor* sottolinea il carattere religioso dell'etica.

L'inizio dell'enciclica è quasi interamente dedicato a qualificare la «domanda morale» posta a Gesù dal giovane ricco come una *«domanda di pienezza di significato per la vita»*, ovvero come una domanda su Dio. Questa è, infatti, «l'aspirazione che sta al cuore di ogni decisione e di ogni azione umana, la segreta ricerca e l'intimo impulso che muove la libertà. Questa domanda è ultimamente un appello al Bene assoluto che ci attrae e

---

22 Approfondisco maggiormente questi aspetti nel mio *Conoscenza pratica, teoria dell'azione e bene politico*, cap. 7.

ci chiama a sé, è l'eco di una vocazione di Dio, origine e fine della vita dell'uomo».[23] La domanda morale, inoltre, è «*una domanda essenziale e ineludibile per la vita di ogni uomo*: essa riguarda, infatti, il bene morale da praticare e la vita eterna. L'interlocutore di Gesù intuisce che esiste una connessione tra il bene morale e il pieno compimento del proprio destino».[24]

Poche righe più avanti, Papa Giovanni Paolo II esplicita chiaramente la connessione tra domanda morale e legge naturale. «*Interrogarsi sul bene*, in effetti, *significa rivolgersi in ultima analisi verso Dio*, pienezza della bontà. Gesù mostra che la domanda del giovane è in realtà una *domanda religiosa* e che la bontà, che attrae e al tempo stesso vincola l'uomo, ha la sua fonte in Dio, anzi è Dio stesso, Colui che solo è degno di essere amato "con tutto il cuore, con tutta l'anima e con tutta la mente" (Mt 22,37), Colui che è la sorgente della felicità dell'uomo. Gesù riporta la questione dell'azione moralmente buona alle sue radici religiose, al riconoscimento di Dio, unica bontà, pienezza della vita, termine ultimo dell'agire umano, felicità perfetta».[25] «L'affermazione che "uno solo è buono" ci riman-

---

23 *Veritatis Splendor*, n. 7.

24 Ibid., n. 8.

25 Ibid., n. 9.

da così alla "prima tavola" dei comandamenti, che chiama a riconoscere Dio come Signore unico e assoluto e a rendere culto a Lui solo a motivo della sua infinita santità (cfr. Es 20,2-11). *Il bene è appartenere a Dio, obbedire a Lui*, camminare umilmente con Lui praticando la giustizia e amando la pietà (cfr. Mic 6,8). *Riconoscere il Signore come Dio è il nucleo fondamentale, il cuore della Legge*, da cui discendono e a cui sono ordinati i precetti particolari».[26]

Questa concezione religiosa della vita morale fa da sfondo (e dà risposta ultima) a tutte le questioni più importanti di cui si occupa l'enciclica: dalla legge naturale alla coscienza morale, agli atti intrinsecamente cattivi, ecc.

L'ambiguità dei *praeambula fidei*

Da quanto detto sopra, credo emerga un'ambiguità nel discorso sui *praeambula fidei* che potrebbe stare alla radice di almeno alcune delle incomprensioni che spesso lo caratterizzano. Da una parte, infatti, si parla dei *praeambula fidei* come di alcune verità potenzialmente raggiungibili dal filosofo (e non senza sforzo e margine di errore). Dall'altra, si parla dei preamboli della fede come di alcune verità che caratterizzano necessariamente il

---

26 Ibid., n. 11.

buon operare della ragione umana, indipendentemente dai possibili apporti dei filosofi. Nel primo senso, i preamboli non possono essere necessari alla fede, altrimenti solo alcuni filosofi illuminati potrebbero riceverla in dono. Nel secondo senso, invece, i preamboli della fede stanno alla fede come la natura sta alla grazia, e sono in questo preciso senso *necessari*.

Per comprendere ciò bisogna approfondire il concetto di natura quando applicato alla natura razionale. In genere, per chi lavora sul concetto di natura come sviluppatosi tra la grecità e la cristianità, risulta abbastanza intuitivo pensare che alcune inclinazioni naturali animali, come quelle dell'attrazione sessuale e dell'autoconservazione, precedono e fondano, in alcuni ambiti, sia l'agire degli animali non razionali sia le scelte libere dell'uomo (natura come causa e *sostrato* del cambiamento e, quindi, della pluralità, della varietà e della cultura).[27]

Più difficile è invece rendersi conto che il concetto stesso di *natura razionale* implica che alla base del movimento propriamente *umano* – cioè, di quel movimento causato non dall'istinto ma dalla ragione e della libertà – ci sono alcune verità e al-

---

27 Cfr., su questo, il mio "Il concetto di persona tra filosofia e scienza contemporanea", *Aquinas* 1/2006.

cuni beni razionali – cioè, beni conosciuti come tali dall'intelletto e che quindi attraggono l'uomo come essere intellettuale e non solo come animale – che operano nella ragione come premesse della scelta. Quando l'uomo *sceglie*, per esempio, conosce se stesso in quella scelta come soggetto: conosce il proprio io. La conoscenza di questa verità è quindi necessaria alla scelta libera indipendentemente dal fatto che chi sceglie se ne renda o no conto. Come chi dice «Troppo tardi!» non è detto si renda conto esplicitamente che, per poterlo dire, deve prima conoscere la verità che il tempo non può tornare indietro.

> «*Non ergo per essentiam suam, sed per actum suum se cognoscit intelectus noster. Et hoc dupliciter. Uno quidem modo, particulariter, secundum quod Socrates vel Plato percipit se habere animam intellectivam, ex hoc quod percipit se intelligere. Alio modo in universali, secundum quod naturam humanae mentis ex actu intellectus consideramus [...]*

> «*Est autem differentia inter has duas cognitiones. Nam ad primam cognitionem de mente habendam, sufficit ipsa mentis praesentia, quae est principium actus ex quo mens percipit seipsam. Et ideo dicitur se cognoscere per suam praesentiam.*

> «*Sed ad secundam cognitionem de mente habendam, non sufficit eius praesentia, sed requiritur diligens et subtilis inquisitio. Unde et multi naturam animae ignorant, et multi etiam circa naturam animae erraverunt [...]»*[28]

Qui, Tommaso sta dicendo due cose molto importanti: 1) sta dicendo che la conoscenza di avere un'anima spirituale è necessariamente presente a qualunque atto (particolare) dell'intelletto umano; e 2) sta dicendo che, ciononostante, l'intelletto umano, quando si metta a riflettere sull'anima spirituale, può incorrere in errori poiché tale riflessione richiede ragionamenti *diligenti e sottili*. La conoscenza vera e propria, *simpliciter*, dell'esistenza dell'anima spirituale avviene (eventualmente) al secondo livello: cioè, quando essa derivi da un ragionamento corretto ed esplicito della mente umana. Anche la prima però è vera conoscenza intellettuale (ed è necessaria al funzionamento della mente) anche se non impedisce gli errori della ragione al livello riflessivo.

Questa è la stessa cosa che Tommaso dice della conoscenza dell'esistenza di Dio, come si evince dai passi riportati più sopra. Tommaso, cioè, dice che una certa conoscenza (pur se generale e confusa)

---

28 *ST*, 1, q. 87, a. 1 c.

dell'esistenza di Dio è naturalmente presente nell'uomo, *perché l'uomo desidera la beatitudine* (cioè, Dio come fine ultimo) *e ciò che naturalmente desidera naturalmente conosce*. Tommaso però dice anche che tale conoscenza spontanea di Dio non impedisce errori della ragione, e che la conoscenza *simpliciter* dell'esistenza di Dio non può fare a meno delle prove razionali del filosofo.

Abbiamo quindi due piani del discorso sui *praeambula fidei*: uno che coincide con una riflessione attenta sulla natura razionale come presupposto necessario sia delle scelte libere dell'uomo sia dell'azione gratuita della grazia; e un altro che si muove sul terreno delle dimostrazioni filosofiche di quelle verità su Dio e sull'uomo *che non sono articoli di fede ma che sono presupposti degli articoli di fede*. Il discorso del Catechismo sull'uomo *capax dei* comprende entrambi questi piani.

Va da sé, poi, che il secondo piano entra in circolo col primo, in quanto la filosofia, e la riflessione umana in genere, aiutano ad allineare la cultura (il senso comune della gente) alle proprie conquiste: proprio come la filosofia greca ha aiutato la cultura del suo tempo a mettere da parte il politeismo e l'antropomorfismo, e come le riflessioni dei padri e dei dottori della Chiesa hanno aiutato nel tempo la cultura cristiana a pensare spontaneamente Dio come soggetto onnipotente e personale che crea il mondo per amore.

La legge naturale

Credo che il discorso filosofico sulla legge naturale rispetto alla fede vada inquadrato in questo contesto. La dottrina della legge naturale può essere vista, infatti, come una sintesi concettuale intesa a chiarire il modo in cui le verità dei *praeambula fidei* interagiscono nella mente umana (sia al livello spontaneo sia al livello riflessivo) dando vita ad una particolare visione del mondo, che è quella su cui edifica la fede cristiana.

La legge naturale è un modo di vedere il mondo come frutto splendido e misterioso di un'Intelligenza divina, sommamente buona e sapiente, che lo ha creato e lo regge secondo regole e criteri accessibili all'intelligenza umana, cui specialmente e primariamente si rivolge. La legge naturale è, in questo senso, il contraltare della religiosità naturale dell'uomo che, fin dalle più antiche civiltà, scopre Dio attraverso la maestosità e intelligibilità della natura, e coglie il mondo come dono e come compito perché capisce di essere l'unico essere in grado di vedere il senso delle cose e di ricondurlo liberamente al disegno del Creatore.

La tradizione del pensiero filosofico, soprattutto cristiano, ha elaborato i presupposti filosofici e conoscitivi di questa esperienza etico religiosa che chiamiamo legge naturale. Essi sono, in particolare: 1) la possibilità della ragione umana di cogliere l'intelligibilità, ovvero il senso, l'ordine e le leggi, della natura; 2) la possibilità della ragione umana di giungere, attraverso la natura, all'esistenza di Dio; e, quindi, 3) di riferire l'esistenza della natura alla sapienza e alla volontà di un Creatore, alla Legge di Dio; e, infine, 4) la capacità della ragione umana di vedere l'ordine della natura come importante, in senso etico, perché pensato e voluto da Dio. [29] Quando l'uomo *obbedisce* alla natura, pertanto, *obbedisce* alla *legge di Dio*.

La legge naturale è quindi sia una questione filosofica e concettuale sia una verità culturale ed esistenziale che appartiene alle migliori disposizioni e alla più alta nobiltà morale dell'essere umano: una questione sempre più importante in una società come la nostra, che sta perdendo – insieme alla dignità – il senso della creaturalità dell'uomo; che non è solo un problema di fede per i cattolici.

Secondo la dottrina della legge naturale, la natura si presenta all'intelligenza dell'uomo come dinamica, cioè in movimento originario verso i propri fini. Il concetto chiave che esprime questo aspetto nella tradizione della legge naturale è quello di inclinazioni naturali. L'uomo sperimenta queste inclinazioni in sé e nelle cose che lo circondano, ed è chiamato a capirne il senso e a rispettarlo. Dalle in-

---

29 Sul concetto di legge naturale e i suoi presupposti, si vedano F. DI BLASI, *Dio e la legge naturale. Una rilettura di Tommaso d'Aquino*, ETS, Pisa, 1999; F. DI BLASI, *Conoscenza pratica, teoria dell'azione e bene politico*.

clinazioni al sesso e ai figli, ad esempio, l'uomo può capire il modo in cui la propria realizzazione, sopravvivenza e felicità si lega alla famiglia come realtà unica in cui l'amore interpersonale raggiunge il suo apice e crea la generazione futura. Le inclinazioni naturali sono il presupposto *autonomo*, cioè interno alla natura, della legge naturale.

L'autonomia del discorso etico sulla natura si basa sull'originarietà della conoscenza etica dei fini delle inclinazioni naturali, ma non bisogna pensare che, soprattutto nei casi più difficili, si possano dare risposte adeguate e convincenti senza una cultura circostante in grado di riferirsi a Dio. I casi difficili, in cui ci sono svariati e contrastanti interessi in gioco, richiedono estrema coerenza e distacco. E la ragione umana ha bisogno di un motivo superiore per prendere sul serio le proprie sfumature e finezze. Il richiamo a Dio non è una caduta nell'irrazionale o fideistico ma un innalzamento della stessa ragione al trascendente che le è disponibile. L'inclinazione più profonda della natura umana e il primo precetto della legge naturale è, infatti, di amare Dio prima e più di se stessi. Se così non fosse, il sacrificio di sé (cuore e vertice dell'esperienza etica) non avrebbe significato.

L'intuizione ed esperienza esistenziale della legge naturale, da una parte, e la riflessione filosofica su di essa, dall'altra, colorando il mondo di un'importanza trascendente e l'uomo di una responsabilità morale *divina*, sono il fondamento più autentico e solido del discorso etico. L'uomo – la cultura! – che perde questa religiosità naturale e questa responsabilità cosmica, non disdegnerà sempre più di strumentalizzare e di manipolare tutto, perfino la vita propria e altrui e l'intelligenza, ai piaceri, desideri e ambizioni individuali. E la fede, in questo contesto di errore della ragione, diventerà sempre più difficile.

II. L'eutanasia tra legge naturale e leggi positive

A differenza di quanto pensano in molti – soprattutto quelli la cui passione per il cinema oscura ormai quasi del tutto l'interesse e la capacità di lettura – nel mondo fantastico creato da J. R. R. Tolkien, gli uomini sono superiori in dignità agli elfi. Di primo acchito, ciò potrebbe apparire singolare anche a chi abbia letto sul serio (e non solo visto sul grande schermo) il capolavoro di Tolkien – *Il Signore degli Anelli* – e che si è abituato ad ammirare elfi dotati di qualità e poteri straordinari, che dominano le forze della natura e vivono, avvolti da un'aurea bellezza, per centinaia di anni; potenzialmente per sempre, «a meno che siano uccisi o si struggano di dolore».[30]

Quest'ultimo caso, di morte per dolore (morale), è immagine sublime di una situazione reale della vita: vale a dire, della disperazione e assoluta mancanza di significato che purtroppo, a volte, è possibile sperimentare. Un profondo dolore che causi sconforto e scoraggiamento può fare apparire la vita inutile, non più degna di essere vissuta, e può

30 J. R. R. Tolkien, *Il Silmarillion*, Rusconi, Milano, 1978, p. 44.

portare alcuni ad odiarla e a desiderare che si spenga al più presto. Nel mondo fantastico di Tolkien, è questo stesso dolore a far si che lo spirito sfiduciato dell'elfo si distacchi infine dal corpo e se ne vada in esilio nelle *Aule di Mandos*. Questo dolore degli elfi è come una richiesta di aiuto e di significato che non riceve risposta, e che si autodistrugge abbandonando la vita.

A differenza degli elfi, e a meno di altre patologie, gli uomini invecchiano e muoiono in maniera fisiologica in un arco di vita che, agli occhi di chi vive per sempre, non dura che un attimo. Gli elfi osservano gli uomini con compassione e curiosità,[31] perfino con disprezzo, perché sono come fuochi d'artificio, che raggiungono anche grandi altezze, compiendo gesta mirabili e degne dei più alti onori, ma solo per brillare pochi istanti e scomparire, poco dopo, nelle ceneri della morte. La vita umana, agli elfi, appare incomprensibile e strana: uno scherzo della natura. Un breve soffio vitale il cui destino è la morte: la mancanza di senso.

Eppure, ci sono passi cruciali della cosmogonia di Tolkien in cui la morte è celebrata come il dono più grande fatto da Dio (Iluvatar) agli uomini.[32] Dio volle «che i cuori degli uomini indagassero di là dal

---

31 Ibid., p. 183.

32 Cfr., per esempio, ibid., pp. 43-4, 232, 332-3.

mondo, e in questo mai trovassero pace».[33] Essi sono «ospiti», «stranieri», la loro dimora non sta qui, e più si attaccano alle cose e ai piaceri di quaggiù più Dio ne abbrevia l'arco vitale per cercare di riportarne le menti e i cuori al proprio disegno.[34] Gli elfi invece appartengono alla terra; essi «sono legati a questo mondo per mai lasciarlo finché esso duri, essendo che la sua vita è la loro»;[35] e anche se muoiono, «col tempo possono tornare». Gli uomini, invece, «muoiono per davvero e abbandonano il mondo»; e dove vanno nessuno lo sa, neppure i più grandi tra gli angeli;[36] e il dono della morte, «col passare del tempo, perfino le Potenze invidieranno».[37] In un certo senso, gli elfi sono così potenti, e in simbiosi con le cascate, gli alberi e gli elementi, perché rappresentano la Terra, e sulla Terra si esaurisce il loro destino; gli uomini, al contrario, sono ad essa estranei, non *connaturali*, vi si trovano solo di passaggio, e, per questo, la capiscono e la dominano meno.

---

33 Ibid., p. 43.

34 Cfr., ibid., pp. 333 ss.

35 Ibid. p. 332.

36 Ibid., pp. 43, 333.

37 Ibid., p. 44.

Tolkien era un genio cattolico. Ma l'idea che l'uomo abbia in sé qualcosa di sacro e di divino, e che la vita su questa terra – con le sue gioie, i suoi dolori e le sue sofferenze – abbia significato e sia figura e possibilità di un'esistenza più alta di cui la morte è insieme porta, prova finale e mistero… quest'idea è già ben presente nel pensiero pagano dell'antica Grecia.

Per Aristotele, il fine ultimo delle cose è partecipare all'eterno e al divino.[38] Per il suo maestro Platone, la vita su questa terra è *purificazione* che prepara alla vera vita dell'anima dopo la morte. Platone arriva a descrivere l'intero sforzo umano di penetrare e di conoscere la verità – la filosofia – come un progressivo e ascetico distaccarsi dalle cose di quaggiù e una partecipazione alla vita che verrà. «Tutti quelli che si occupano correttamente di filosofia», egli dice per bocca di Socrate, «di niente altro si prendono cura se non di morire e di essere morti».[39]

È questa una definizione di filosofia sconcertante da parte di Platone. La filosofia è un addestramento per la morte; fare filosofia è già un morire. E Simmia ride, in buona rappresentanza di

---

38 ARISTOTELE, *De Anima*, 415a14, trad. G. Movia, Rusconi, Milano, 1996.

39 PLATONE, *Fedone*, 64b, trad. P. Fabrini, BUR, Milano, 1996.

tutti i discepoli: se è come dici tu Socrate, allora ha ragione chi pensa che i filosofi farneticano e meritano invero di morire. Ma se la realizzazione più alta dell'uomo riguarda la ricerca e la contemplazione della verità, se il corpo è un impedimento a questa realizzazione, e se la morte è la separazione tra anima e corpo, allora l'attività del filosofo rivolta alla verità è già un inizio di separazione tra anima e corpo – un inizio di morte – che culminerà e trionferà con la morte vera e propria. L'intuizione platonica che fa da sfondo a queste affermazioni si lega a esperienze di senso comune che tutti ogni tanto facciamo. A volte abbiamo in mente qualcosa di bello e di particolarmente importante, e vorremmo continuare a pensarci, ma ci viene fame e dobbiamo andare a mangiare, o ci viene sonno e abbiamo bisogno di una buona dose di caffè. È come se la vita di quaggiù, la vita del corpo, ci impedisse una più alta attenzione per le cose a cui ci sentiamo portati quando siamo interiormente a un livello di maggiore espressione di noi stessi.

Anche chi non si trovi molto a suo agio col forte dualismo platonico di anima e corpo, non potrà non avvertire il fascino di quest'intuizione sulla dignità, sacralità e spiritualità dell'essere umano. E non potrà non notare com'essa si accompagni a una visione del significato della vita presente e dei suoi dolori in cui non è mai lecito provocare la morte, anche quando questa sia altrimenti desiderabile. Il suicidio, per Platone, è un atto intrinsecamente cattivo.[40]

Dignità e ordine dei beni umani

Viktor Frankl, nella sua autobiografia psicologica sull'esperienza nei lager, parla di quanto sia facile, per i *sopravvissuti* come lui, ricordare di tanto in tanto «questo o quel particolare di questa o quella storia che narra la grandezza interiore dell'uomo».[41] E, come esempio, accenna agli ultimi momenti di una donna cui, come medico, aveva assistito:

«*Questa giovane donna sapeva che sarebbe morta nei prossimi giorni. Quanto le parlai, era serena, nonostante tutto: "Sono grata al mio destino, per avermi colpita così duramente", mi disse, e ricordo bene ogni sua parola: "Perché nella mia vita di prima, quella borghese, ero troppo viziata e non avevo nessuna vera ambizione spirituale". Nei suoi ultimi giorni era come trasfigurata. "Quest'albero è il solo amico nei miei momenti di solitudine", disse, accennando attraverso la finestra della baracca. Fuori c'era un castagno, tutto in fiore, e chinandomi sul tavolaccio del-*

40 Ibid., 61d-62c.

41 V. E. Frankl, *Uno psicologo nei lager*, Ares, Milano, 1982, p. 119.

la malata, potevo scorgere ancora un ramoscello verde con due grappoli di fiori [...]. "Con quest'albero parlo spesso", disse poi. Ne fui meravigliato e non sapevo come interpretare le sue parole. Sta forse delirando, ha delle allucinazioni? Le chiesi dunque, curioso, se l'albero può risponderle – Sì! – e che cosa le dice. Mi rispose: "M'ha detto: Io sono qui – io sono qui – io sono la vita, la vita eterna...».42

Questa donna aveva scoperto da sola, in punto di morte, qualcosa di simile a quel che spiega San Tommaso, nella *Summa Contra Gentiles*, a proposito dei beni umani e delle pene (in un contesto che non appartiene alle sole questioni teologiche ma ad argomenti che, nella tradizione del pensiero cristiano, riguardano sia la filosofia sia quel che Dio ha rivelato nella storia mediante interventi diretti di ordine soprannaturale).

Tommaso, seguendo l'insegnamento di Aristotele, spiega che c'è un ordine tra i beni umani. Al primo posto viene la felicità (o beatitudine), che è il fine ultimo, la piena realizzazione, compimento e appagamento dell'essere umano e di tutte le sue potenzialità e aspirazioni, e che si raggiunge soltanto mediante il raggiungimento del divino, nell'unione con Dio. Il bene umano più prossimo alla beatitudine «è la virtù, o eventualmente qualche altra cosa che aiuti l'uomo a compiere quelle

---

42 Ibid.

opere buone con le quali si raggiunge la beatitudine».[43] La virtù è così importante perché è la qualità che rende buono l'agente: essa è come un muscolo ben formato; un muscolo che, a furia di essere esercitato, ci rende più capaci ed efficaci rispetto alle opere buone. A furia di compiere atti generosi si diventa generosi; a furia di compiere atti di servizio si diventa servizievoli. Dopo la felicità, quindi, viene la virtù. Tommaso sta delineando una gerarchia. Al terzo posto, viene «la debita disposizione della ragione e delle potenze ad essa soggette».[44] Senza la ragione, non potremmo ordinare le nostre azioni al fine ultimo. La ragione ci mette in condizioni di capire qual è l'azione giusta da fare qui ed ora per poter raggiungere il fine ultimo, la piena realizzazione del bene umano. Poi c'è la salute del corpo, «necessaria per agire speditamente»;[45] un bene funzionale, quindi, che ci serve per agire meglio in funzione dei beni più alti. Fin qui, abbiamo un elenco di beni interiori, dal più alto fino alla salute del corpo. Quindi ci sono i beni esteriori, «di cui ci serviamo come di

---

43 TOMMASO D'AQUINO, *Summa Contra Gentiles*, a cura di T. S. Centi, UTET, Torino, 1975, III, 141.

44 Ibid.

45 Ibid.

strumenti per la virtù»[46]: la macchina, i vestiti, il computer, ecc.

A quest'ordine dei beni, dice Tommaso, corrisponde l'ordine dei mali o delle pene. «Perciò la pena più grave per l'uomo è l'esclusione dalla beatitudine», che è l'inferno, la perdita eterna di Dio. Dopodiché, «c'è la privazione della virtù e di ogni altra perfezione delle potenze naturali dell'anima in ordine al ben operare. Segue il disordine delle potenze naturali dell'anima. Poi viene la menomazione del corpo. E finalmente la perdita dei beni esterni».[47] Per Tommaso, è molto importante capire in che modo il disordine della volontà alteri la corretta comprensione dell'ordine dei beni dell'uomo. E qui è bene citare direttamente le sue parole:

> «Siccome però la pena implica non solo la privazione di un bene ma anche contrasto con la volontà, dal momento che non sempre la volontà dell'uomo apprezza i beni per quello che valgono, capita spesso che un male il quale priva di un bene più grande sia meno contrario alla volontà, e quindi può sembrare meno grave come pena. Ecco perché molti uomini, che stimano e conoscono i beni sensibili più di quelli in-

46 Ibid.

47 Ibid.

*tellettuali e spirituali, temono di più i casti-
ghi temporali che quelli spirituali. Secondo
il loro criterio l'ordine delle pene è alla ro-
vescia di quello sopra indicato. Infatti da
costoro le pene più gravi sono considerate
le menomazioni del corpo e la perdita dei
beni esteriori: mentre stimano poco o nulla
il disordine dell'anima, la perdita delle virtù
e quella del godimento di Dio, in cui consiste l'ultima felicità dell'uomo»*[48]

L'esperienza di persone superficiali che danno
maggior valore nelle loro vite a cose di minore importanza è, purtroppo, molto frequente. Ma torniamo a Tommaso. Da queste considerazioni, egli
deduce una cosa molto interessante: vale a dire, che
a volte la perdita di beni inferiori non è un vero male ma è occasione di scoprire (o riscoprire) beni di
ordine superiore. Che è esattamente l'esperienza
della donna di cui raccontava Frankl, per la quale, il
dramma terribile di Auschwitz fu occasione di scoprire la sua più autentica dignità di essere spirituale.
Il discorso di Tommaso continua così:

*«Da ciò deriva che essi non ritengano
che Dio punisca i peccati degli uomini: perché vedono che molte volte i peccatori so-*

---

48 Ibid.

no in buona salute e hanno beni di fortuna, che spesso mancano agli uomini virtuosi. Ma chi ben riflette non deve meravigliarsi di questo. Infatti i beni esterni, essendo ordinati a quelli interni, e il corpo essendo ordinato all'anima, le cose esterne e corporali in tanto sono beni per l'uomo, in quanto giovano al bene di ordine razionale; ma in quanto impediscono codesto bene si tramutano in mali per l'uomo. Ora Dio, ordinatore dell'universo, conosce la misura della virtù umana. Ecco perché talora egli dispensa all'uomo virtuoso in sussidio della sua virtù dei beni corporali ed esteriori, arricchendolo così dei suoi benefici. Talora invece glieli toglie, perché considera che essi siano per lui d'impedimento per la virtù e per la fruizione di Dio: poiché sotto tale aspetto, come abbiamo notato, i beni esterni si tramutano in mali per l'uomo; e quindi la loro perdita per lo stesso motivo si trasforma in un bene».

In questo caso, Dio castiga proprio quando non toglie i beni esteriori. Per alcune persone, essere ricchissime o in perfetta salute fisica potrebbe essere segno di non predilezione da parte di Dio; potrebbe essere segno che Dio presta maggiori attenzioni ad altri che sono più meritevoli. Non credo che questo sia un discorso che appartenga soltanto alla teologia cristiana. Sia l'intelligibilità dei beni umani e del loro ordine di importanza sia l'esperienza del merito e del collegamento tra il nostro agire in questo mondo e il destino eterno sono trasversali alle più diverse culture e stanno al fondo delle questioni del diritto naturale e della legge naturale. Giovanni Paolo II esprime quest'ultimo punto mirabilmente nella *Veritatis Splendor* riferendosi all'episodio del giovane ricco: «"Maestro, che cosa devo fare di buono per ottenere la vita eterna?" [...] Dalla profondità del cuore sorge la domanda che il giovane ricco rivolge a Gesù di Nazareth, *una domanda essenziale e ineludibile per la vita di ogni uomo*: essa riguarda, infatti, il bene morale da praticare e la vita eterna. L'interlocutore di Gesù intuisce che esiste una connessione tra il bene morale e il pieno compimento del proprio destino».[49]

Lasciatemelo dire nel modo più brutale possibile: esistono buone ragioni per affermare che l'idea di aiutare qualcuno a morire per *liberarlo* dalle sue *sofferenze* equivalga a una condanna a non avere più accesso alla sua vera dignità, a una condanna a non scoprire i beni superiori grazie alla mortificazione di quelli inferiori, a una condanna all'inferno. Anche nel dubbio su dove riposi l'autentica dignità dell'uomo e sull'esistenza dell'aldilà, chi può assu-

---

49 GIOVANNI PAOLO II, *Veritatis Splendor*, Libreria editrice vaticana, Roma, 1993, n. 7-8. Cfr., su questo tema, F. DI BLASI, *Conoscenza pratica, teoria dell'azione e bene politico*, Rubbettino, Soveria Mannelli, 2006, cap. VII, "Legge naturale come inclinazione a Dio".

mersi una tale responsabilità nei confronti di un altro essere umano?

All'opposto di questa condanna c'è invece l'aiutare il sofferente a vivere – sia ora che *dopo* – col fargli scoprire un senso più alto e più profondo della vita e del dolore. Far morire il sofferente è una conferma della mancanza di senso e dell'inutilità della vita. Aiutarlo a vivere fino alla fine è una caparbia riaffermazione della sacralità e importanza del suo essere. Chi aiuta di più il sofferente? Chi è più caritatevole con lui? Per il cristiano il dolore è redenzione e partecipazione al mistero della Croce. Ma già per Platone il dolore era purificazione ed espiazione. Le via alla dignità sono tante e precedono i dati della fede ma nessuna passa per il rifiuto e la soppressione della vita quando questa si presenta più debole, indifesa e sofferente.

Ragioni di principio contro l'eutanasia

L'eutanasia è un atto estremo che suggella l'inutilità e la vacuità dell'essere umano e delle sue sofferenze. Essa implica una visione bassa e povera della dignità umana, basata su standard e beni estrinseci e superficiali. È un atto intrinsecamente contrario alla carità: un atto di dominio arbitrario sul senso della vita e della morte.

È solo di individui e società ormai irretiti dal nichilismo e dal materialismo pensare che cagionare la morte di sé o di qualcun altro possa essere un atto di carità. Quando si ritiene che la vita e le sofferenze umane non abbiano alcun senso, uccidere chi è disperato e sconfortato può apparire come l'unica soluzione ragionevole. Ma in questo modo si suggella la mancanza di importanza della vita e di chi l'abbandona; e invece di dare significato, conforto e coraggio, li si toglie definitivamente. Anche se (Dio non voglia) non ci fosse niente dopo la morte, bisognerebbe agire come se ci fosse e come se tutte le situazioni della vita godessero sempre di pieno significato.

Soprattutto chi è responsabile di altri deve ostinatamente continuare a credere nell'uomo fino alla fine, e non può permettersi di lanciare messaggi pubblici di vanità e nichilismo, o la sua stessa azione in difesa e promozione dei valori umani perderebbe di efficacia e di credibilità. Questo è un argomento di etica politica di grande valore che già da solo basterebbe a giustificare il rifiuto dell'eutanasia. Le autorità pubbliche devono sempre chiedersi quale tipo di messaggio e di insegnamento deve trasparire, in vista del bene comune, dai loro discorsi e dei loro atti ufficiali (leggi, decreti, ecc.). Se l'uomo è il cuore della comunità politica, questi atti non possono contenere nulla che ne abbassi il valore o ne consenta la violazione. Sarebbe come se l'allenatore di una squadra di calcio dicesse ufficialmente ai giocatori che quando si perde di due o tre a zero diventa legittimo abbandonare la partita e ritirarsi. Chiunque capisce quanto questo abbasserebbe il morale e la dignità dei giocatori, della squadra e del gioco del calcio.

Qualunque comunità umana deve rifiutare perfino il *dubbio* sui suoi valori fondanti. E questo è un altro argomento politico molto importante. Una società sana non può mai accettare il dubbio sulla dignità e inviolabilità dell'uomo, che ne è il fondamento. Per ciò, il diritto penale non può mai accettare che qualche volta si condanni l'innocente. Parimenti, il dubbio sul suicidio e sull'eutanasia, essendo il dubbio sul senso stesso dell'essere umano e della sua dignità, non può essere ammesso, come non si può ammettere il dubbio che, in fondo, qualunque crimine e patimento non abbiano importanza poiché gli uomini sono solo contingenti grumi di atomi che stanno per un po' insieme e poi si separano.

L'eutanasia è un atto contrario alla sacralità della vita, al fatto che l'uomo sia l'assoluto inviolabile della società politica. L'eutanasia è insieme il vertice di un atteggiamento di manipolazione dell'essere umano e la porta a sempre più intense manipolazioni e strumentalizzazioni utilitaristiche della vita altrui, che non essendo più sacra, si può sacrificare come e quando convenga farlo.

Legge naturale e legge positiva

L'uomo, però, non è padrone di questa vita né della natura. Da Platone a Locke, e lungo tutta la tradizione cristiana, questa è stata l'intuizione principale contro l'atto di togliersi la vita. L'uomo non è padrone ma *ministro* perfino della sua stessa esistenza, che non può darsi e non *deve* togliersi. Ciò che la società contemporanea sta perdendo, insieme alla dignità, è il senso della creaturalità della vita; che non è solo un problema di fede per i cattolici. Il senso della sacralità della vita è l'atteggiamento di chi se ne vede sempre servitore e ne rispetta il mistero senza cercare di dominarla o manipolarla. Questo è ciò che dovrebbe fare da fondamento e cardine a tutta l'azione sociale.

La legge naturale, prima di essere una questione filosofica e concettuale, è una verità culturale ed esistenziale che appartiene alle migliori disposizioni e alla più alta nobiltà morale dell'essere umano. La legge naturale, come abbiamo già detto nel primo capitolo, è un modo di vedere il mondo in relazione a Dio e a significati oggettivi della natura, comprensibili per la mente umana. Questi significati fanno da sfondo teoretico e morale alle leggi che l'uomo dà a se stesso: pena la mancanza di autenticità e di obbligatorietà di queste stesse leggi in proporzione al grado in cui si allontanano dai beni e valori di cui l'essere umano non può fare a meno. Si pensi al caso, riportato all'attenzione del grande pubblico dal film *Braveheart*, dello *ius primae noctis*.

Bisogna capire anzitutto che quando si parla di eutanasia non si parla solo di suicidio. L'eutanasia implica un problema in più, e molto più serio: vale a dire, il fatto che ci sia un'altra persona che causi volontariamente la morte di un altro. L'eutanasia va perciò descritta tecnicamente come *diritto a uccidere* a certe condizioni. Inutile dire che, in uno stato fondato sul valore dell'essere umano e sulla sacralità della vita, un tale diritto non può esserci. Sarebbe un'aberrazione, che inoltre, proprio perché vi è in essa implicito un degrado del senso e della dignità della vita, condurrebbe facilmente ad abusi irreparabili [come già succede in Stati e contesti culturali che hanno legittimato l'eutanasia].

In uno stato fondato sul valore dell'essere umano può solo esserci un diritto a difendersi e a difendere gli altri: un diritto che, in casi di assoluta necessità può anche portare alla morte. Ma la morte, in questi casi, non è mai l'obiettivo che ci si propone ma la *conditio sine qua non* della difesa della vita quando non ci sia altro modo per farlo e ci sia una proporzione tra difesa e danno causato nel difendersi. Si pensi alla morte di un killer causata da un poliziotto nell'atto estremo di salvare un ostaggio.

Una società sana fondata sull'uomo non può comportarsi come se qualche individuo, struttura (ospedaliera) o comitato fossero padroni della via e della morte. La vita non è disponibile a nessuno. Di fronte a chi soffre, l'unica possibilità è assisterlo fino alla fine alleviandone il dolore sia materiale che spirituale: soprattutto, aiutare a trovare un senso per esso e dimostrare amore e importanza. Tutti dobbiamo inchinarci al mistero della vita presente e di che cosa vi sia dopo.

Gli argomenti pubblici avanzati in favore dell'introduzione giuridica dell'eutanasia da parte di intellettuali *laici* di grande spessore hanno raggiunto un tale livello di superficialità e di contraddittorietà che è buon indice di come l'intelligenza e l'eticità umane, lasciate a se stesse, siano facile preda delle emozioni, delle ideologie e, forse, di una certa disonestà demagogica. Prendiamo Severino, ad esempio, che incarna in maniera esemplare le ragioni dei *laici* e non perde ormai occasione di dare battaglia sulle migliori testate nazionali. Recentemente ha presentato i suoi migliori argomenti in favore dell'eutanasia sulle pagine del *Corriere della Sera*.[50]

Il primo è la presunta esistenza di un diritto a "morire senza soffrire". Mi si consenta: l'ambiguità di quest'affermazione è incredibile. Oggi si abusa continuamente del termine "diritto" e la cosa più triste è che ne abusino persone che dovrebbero avere una responsabilità pubblica di onestà e raffinatezza concettuale. Un diritto lo si chiama tale perché ne si può rivendicare la realizzazione da parte di altri in società. Se ci fosse un *diritto a morire*

---

50 Cfr., l'intervista di A. Mangiarotti sul Corriere della Sera di martedì 5 dicembre 2006, p. 33: "Morire senza soffrire è un diritto, lo stato faccia il suo mestiere".

bisognerebbe avere strumenti giuridici per pretendere che ci sia sempre qualcuno pronto a *uccidere* quando questo diritto venga fatto valere. E dove lo mettiamo il *diritto di non diventare assassini*? Mi si dirà che quest'obiezione è artificiosa perché i sostenitori dell'eutanasia si appellano a *volontari* per portarla a termine. Ma è proprio questo il punto: se ci si appella a volontari disposti ad uccidere, non si può parlare di un *diritto a morire* ma semmai di un *diritto a cercare volontari* assassini. E anche in questo caso, lo stato, noi, non avremmo un diritto di vietare che ci siano in giro persone con licenza di uccidere?

Severino si appella poi a una contraddizione del nostro sistema giuridico dovuta al fatto che si vieta l'eutanasia ma non si punisce il suicidio. È ovvio che, in questo discorso, ci si riferisce al tentato suicidio perché un uomo morto non lo si può più punire. Ma come si fa a non capire la differenza tra: a) non punire chi tenta di uccidere se stesso e b) non punire chi cerca di uccidere o uccide con successo altre persone? Il caso dell'eutanasia è completamente diverso dal caso del suicidio sia sotto il profilo etico che sotto il profilo giuridico. Nel caso dell'eutanasia, abbiamo due soggetti diversi: 1) quello che soffre e 2) quello che uccide. Il nostro sistema ha deciso tempo fa di non punire il soggetto che soffre senza con ciò dare un giudizio positivo pubblico sull'atto del suicidio. Questa è una scelta legislativa che pochi (me compreso) si sentirebbero di criticare. Ma decidere di non punire un soggetto terzo che uccide è tutta un'altra storia. Ben vengano opinioni diverse. Ma almeno salviamo l'onestà intellettuale e non parliamo di contraddizioni.

Il terzo (e singolare) argomento di Severino è che il divieto dell'eutanasia sarebbe antidemocratico. In difesa di questa affermazione, egli afferma che democratico non è ciò che sostiene la maggioranza ma ciò che lascia più libertà di scelta al singolo. In questo caso, dice Severino, anche un solo uomo avrebbe più peso democratico della maggioranza parlamentare o popolare. Con buona pace di Severino, questo si è un argomento contraddittorio, riconosciuto come tale anche dai liberali. Strano che egli non lo sappia. Non esiste una legge *neutrale* che faccia contenti tutti. Ogni legge porta avanti certi valori e certe scelte a dispetto di altri valori e di altre scelte. Ed è per questo che, se parliamo di democrazia, l'unico criterio sensato è la maggioranza. Si pensi al divorzio, che toglie la libertà di sposarsi in maniera indissolubile secondo il diritto civile. Checché si pensi del matrimonio e del divorzio, non si può negare che tecnicamente questa libertà del singolo non esiste più e che la legge sul divorzio non è pertanto neutrale. O si pensi all'aborto, che: a) toglie la possibilità di scelta di avere il figlio al marito e, prima ancora, b) toglie al bambino, che viene ucciso senza essere interpellato, il diritto di scelta di nascere e di vivere. L'eutanasia non fa eccezione. Una legge che consentisse l'eutanasia non sarebbe neutrale e toglierebbe all'individuo, per esempio, la possibilità di scegliere una società (a) in cui la vita umana sia sacra e inviolabile, (b) in cui nessuno abbia il diritto di uccidere qualcun altro, (c) in cui i propri figli non traggano insegnamenti pubblici sbagliati e negativi sulla sacralità della vita e il senso della dignità di essa, (d) o in cui nessuno abbia da temere che (per abusi di vario tipo) la propria morte non venga provocata illegittimamente e fatta passare per eutanasia.

Come si concilia il concetto di democrazia di Severino con il suo presunto diritto a morire senza soffrire? Chi determina che cosa significhi "soffrire"? Ci sono persone che si suicidano per amore o per sofferenze etiche di varia natura e ci sono persone che accettano con gioia la sofferenza fisica. L'interpretazione e l'accertamento della *sofferenza* come limiti del diritto a morire sarebbero antidemocratici. Lo stesso limite della maggiore età, restringendo la libertà di scelta del singolo, sarebbe antidemocratico; come lo sarebbero la scuola dell'obbligo e tante altre cose.

Severino non sembra essersi preoccupato troppo di studiare la coerenza delle sue affermazioni sull'eutanasia prima di esprimerle pubblicamente. Così oggi fanno in tanti (troppi!) fomentando ambiguità concettuali e tensioni sociali. È per questo che il dibattito odierno si caratterizza anche per le fortissime ambiguità del riferimento all'eutanasia con rispetto all'accanimento terapeutico e al testamento biologico, che sono cose diverse.

Il rifiuto dell'accanimento terapeutico, si sa, implica solo il non iniziare o il sospendere cure che non guariscono e che terrebbero artificialmente (e penosamente) in vita un soggetto ormai giunto alla tappa finale e irreversibile della sua vita su questa terra. Il rifiuto dell'accanimento terapeutico, a differenza dell'eutanasia, non implica alcuna azione diretta all'uccisione di un essere umano. Il testamento biologico non pare in sé una cosa cattiva ma, soprattutto in questo periodo, lo si vuole usare come porta legislativa di futuro ingresso dell'eutanasia nel sistema giuridico. Ambiguità o no, tuttavia, un triste dibattito è purtroppo in corso e speriamo che si chiuda presto in favore dell'uomo e del suo valore.

III. Rapporti prematrimoniali o rapporti anti-matrimoniali?

C'è qualcosa di male nel sesso prima del matrimonio? In realtà, posta così, la domanda è già fuorviante perché sembra contenere un implicito riferimento a rapporti che siano comunque ordinati al matrimonio mentre nella vita reale, si sa (e senza bisogno di statistiche specialistiche), non c'è in genere alcun collegamento tra il sesso *pre*matrimoniale e il matrimonio. Bisognerebbe quindi più propriamente parlare di rapporti sessuali non adulterini al di fuori del matrimonio, o di sesso occasionale, sesso facile, sesso libero, ecc. L'espressione rapporti prematrimoniali, giocando su un concetto (matrimonio) che gode nel senso comune di una connotazione morale fortemente positiva, rischia di colorare acriticamente con la stessa connotazione proprio quei rapporti non matrimoniali la cui liceità, precisamente in ragione di quel *non*, viene tradizionalmente contestata. Chi voglia porsi spassionatamente la questione morale del sesso *prematrimoniale* dovrebbe subito liberarsi dell'ambiguità di tale espressione. Forse il termine classico "fornicazione" servirebbe meglio allo scopo.

Nei corsi di etica che ho tenuto alla University of Notre Dame, negli Stati Uniti, al di là del necessario studio dei testi classici della filosofia, ho fatto lavorare gli studenti su alcuni dei temi morali oggi più dibattuti: omosessualità, matrimonio e famiglia, eutanasia, aborto, contraccezione, pena di morte, ecc. Ogni studente, nel corso del semestre, ha dovuto fare una ricerca, scrivere un articolo di almeno dieci pagine e (dopo le opportune correzioni) presentarlo in classe in dibattito con gli altri studenti che avevano lavorato sullo stesso tema. L'esperienza è stata ottima. Una filosofia morale coi piedi per terra, e studiata con l'intento sincero di essere (più) buoni, ha fatto apprezzare perfino a studenti allergici alla filosofia i difficili testi aristotelici sulla scienza pratica. *Pre-marital sex* è stato uno degli argomenti su cui abbiamo lavorato e discusso insieme. E a dispetto delle polemiche sterili e dei parzialismi ideologici ho potuto, infine, assistere a studenti "favorevoli" che hanno simpaticamente ed egregiamente spiegato gli argomenti contro e a studenti "non favorevoli" che hanno spiegato e riconosciuto le difficoltà di quegli stessi argomenti. Il mio obiettivo principale, in tutto questo, è stato non tanto approfondire e migliorare la mia risposta personale ma cercare di capire gli studenti, identificando e interpretando gli aspetti che, dal loro punto di vista, risultavano più rilevanti o problematici.

Livello morale

Intanto, ci siamo trovati tutti d'accordo a mantenere la questione al livello morale. Che significa? Significa che risposte come "Lo faccio perché mi piace!" o "Non vedo perché dovrebbe essere un problema morale!" diventano automaticamente prive di senso in quanto evitano la domanda cui sono invece chiamate a rispondere. In tutte le azioni e scelte umane la questione morale -la questione *di coscienza*- non riguarda *ciò che piace* ma ciò che, piaccia o no, o piaccia più o meno, è giusto e/o buono fare. Perfino la debolezza non è una risposta logicamente accettabile ma tutt'al più qualcosa da vincere o perdonare in ragione del bene morale. Solo chi sia pronto a sacrificare il proprio piacere sta sul serio affrontando una questione morale. Chi non è disposto non dà una risposta differente allo stesso problema sta semplicemente cercando di evitarlo. Per Aristotele, chi non sia in grado di innalzarsi al di sopra delle passioni e controllare piaceri e dolori non sarà mai in grado di capire l'etica.

La risposta morale è una risposta di principio ("È bene/non è bene avere sesso fuori del matrimonio!"); e va argomentata, perché la coscienza si nutre di argomenti convincenti. Sincerità, rispetto e dialogo sono tutti preliminari su cui, con gli studenti, ci siamo trovati facilmente d'accordo. La persona etica è sincera, con se stessa e con gli altri, sulle vere ragioni del suo agire, e cerca di conformarsi ai *buoni* argomenti. Per ciò stesso, è sempre pronta a dare e ascoltare ragioni; ed è sempre rispettosa delle risposte *etiche* altrui, in quanto ammira l'atteggiamento morale sincero prima e più delle proprie stesse opinioni. L'arrabbiato, il risentito, il polemico, il sofista, l'ingannatore... non sono eticamente capaci. È questo il primo insegnamento di

Aristotele sulla scienza pratica: disposizione morale sincera e apertura al dialogo argomentativo.

La questione morale, poi, non la inventa nessuno: anche su ciò non c'è stata contesa. L'uomo è un animale morale perché spontaneamente s'interroga sulla bontà delle sue azioni, e non solo sull'utile o sul piacere che ne deriva. Dio, la famiglia, la vita nostra e degli altri, la sessualità, la proprietà... non sono moralmente indifferenti. Nessuno può scegliere di essere o no eticamente reattivo a loro riguardo, può solo scegliere *come* reagire. Che il sesso sia un problema morale è un dato di fatto cui, nel breve o nel lungo periodo, non si può sfuggire. Gli esseri umani non sono responsabili per questa domanda: "È bene o male avere sesso prima del matrimonio?" Ognuno, però, è responsabile della propria risposta.

Il sesso unisce

E andiamo al dato che ha maggiormente attratto l'attenzione degli studenti: "Il sesso unisce!" Sembra banale. Ma intendiamoci: non si tratta qui di una riflessione astratta sul significato unitivo della copula e sulla conformazione biologica e complementare degli organi sessuali maschile e femminile. Niente affatto! Ciò che ha profondamente incuriosito gli studenti è che qualunque rapporto sessuale (volontario) crea subito un'unione psichica, affettiva ed emotiva così intima e speciale che nessun'altra relazione è in grado di eguagliare. È lo stesso *fatto* che aveva sorpreso Tomasi di

Lampedusa, facendogli scrivere, all'incontro di Angelica col suo ex amante sul tragitto di villa Falconeri, che lui, il Senatore, «con lei aveva avuto una breve relazione galante trent'anni prima, e conservava quella insostituibile intimità conferita da poche ora passate fra il medesimo paio di lenzuola».[51]

Come per magia, il *fatto* del sesso segna profondamente l'affettività, l'intimità e le strutture *morali* della persona, creando un contesto di significato intessuto di aspettative comportamentali, di risposte, e di ragioni per lodare, biasimare e *rivendicare*. I partner di un rapporto sessuale diventano subito *complici* a tanti altri livelli, nel bene e nel male (perfino in un crimine). Con buona pace dei filosofi analitici, il "devi" ("venire", "aiutarmi", "fare questo" o "quello") vive già nell'*essere* del sesso senza bisogno di alcuna deduzione.

Uno degli studenti, Lina, ha riportato in classe con grande interesse la recente scoperta dell'oxytocin: un ormone che pare venga emesso dalla donna solo durante l'allattamento e i rapporti sessuali. L'effetto di tale ormone sarebbe di creare nella donna «un forte attaccamento emotivo vuoi

---

51 Giuseppe Tomasi di Lampedusa, *Il Gattopardo*, Feltrinelli, Milano 1959, p. 321.

verso il bambino vuoi verso il partner».[52] Oxytocin o no, un forte attaccamento si forma subito anche nell'uomo; e una delle conclusione di Lina è stata che, poiché un legame nasce inevitabilmente "ogni volta", «più partner sessuali si hanno più il legame con ognuno si fa più debole»: «il sesso prematrimoniale», perciò, «aumenta in seguito drammaticamente le chance di divorzio».[53] Le opinioni degli studenti su ciò sono state più o meno convergenti. Così, ad esempio, si è espressa Anna: «Aspettare irrobustisce il legame coniugale, poiché il rapporto sessuale diviene qualcosa che i coniugi hanno condiviso solo l'uno con l'altro».[54]

Non è strano che dove il sesso si fa routine e prodotto commerciale, come nell'industria televisiva e cinematografica, il divorzio diviene la regola e la fedeltà coniugale la (rarissima) eccezione. È come se il sesso funzionasse *automaticamente* in modo da favorire la decisione (morale) di essere fedeli in un rapporto coniugale esclusivo, e il sesso occasionale danneggiasse, sempre *automaticamente*, la capacità morale di fedeltà. A dispetto di ogni duali-

---

52 Lina, *Blessed are the Pure of Heart*. La fonte principale usata da Lina con riguardo all'oxytocin è M.B. Bonnaci, *Real Love*, Ignatius Press, San Francisco 1996.

53 Lina, cit.

54 Anna, *Premarital Sex: Moral and Social Dilemma*.

smo post-cartesiano, il corpo sembra parlare un suo linguaggio di cui, qualunque siano le intenzioni dei partner, incide indisturbato i caratteri nello spirito.

Aaron ha parlato di una sorta di accecante "effetto valanga" da cui ha dedotto l'inutilità dei rapporti prematrimoniali come test di compatibilità della coppia. L'esperienza sessuale, ha argomentato, è affettivamente così forte da annebbiare la scelta della persona con cui condividere l'esistenza. Se per qualsiasi ragione il rapporto lascia insoddisfatti conduce facilmente «a premature ipotesi di incompatibilità di cui il matrimonio invece potrebbe presto disfarsi». In tal caso, la potenza unitiva del sesso accelera, in direzione opposta, una crisi di rigetto. Se, al contrario, risulta soddisfacente, rischia di «creare false speranze, o mascherare serie incompatibilità relazionali che potrebbero poi far naufragare l'unione coniugale». «Il sesso», continua Aaron, «è come una palla di neve che rotola giù da una collina; è facile spingerla giù, ma, una volta che cominci a rotolare, diventa piuttosto difficile bloccarla, e anche più duro spingerla indietro da dove è venuta».[55] Anche Lina non ha avuto dubbi (e nessuno in classe l'ha contestata): «Il buon sesso è una facile scusa per giustificare i difetti di qualcuno. In più, il legame creatosi rende più arduo lasciarsi anche qualora ci si renda conto che non si è fatti l'uno per l'altra».

---

55 Aaron, *The Ethics of Pre-marital Sex. A Logical Approach.*

Perfino "in vista del matrimonio" il sesso prematrimoniale sembra funzionare più nella direzione del divorzio che della fedeltà coniugale.

Il caso ideale

La piega del discorso ha condotto spontaneamente gli studenti a tratteggiare un nesso intrinseco tra il sesso e il rapporto stabile tra uomo e donna che chiamiamo matrimonio. Li ha portati a vedere il sesso "non esclusivo" come qualcosa di chiaramente *innaturale*. Già, perché *contro la natura* di atti che, da parte loro, lavorano automaticamente in direzione di un rapporto esclusivo e permanente. È innaturale creare un'intimità così forte per poi romperla; ed è ancora più innaturale se, così facendo, si diminuisce la capacità di intimità dei futuri rapporti.

Che succede, però, se la coppia ha già deciso di sposarsi e sta solo aspettando il momento più conveniente per la cerimonia? In tal caso, il sesso avverrebbe in un contesto maturo di stabilità ed esclusività; e, per lo stesso ragionamento di prima, funzionerebbe anche bene per rafforzare la decisione ormai presa. Questo, se ricordo bene, è stato il commento di Trevor. Ci abbiamo pensato e ne abbiamo discusso. In effetti, il caso ideale non funziona; e non funziona in quanto si basa su un insidioso errore logico.

Esso presenta il sesso prematrimoniale come se avvenisse nel contesto di una decisione di permanenza ed esclusività... che è esattamente il contesto del matrimonio a partire dal momento del "Si! Lo voglio!" Questo momento non è, *per nessuno*, una mera cerimonia. Anche fidanzati con anni di sesso prematrimoniale vi arriveranno molto emozionati, forse piangendo, e magari dopo qualche notte in bianco e una lunga festa di addio al celibato.[56] Il motivo è semplice: il matrimonio è il punto di "non ritorno", che cambia la vita. Tutti lo sanno. E tutti lo rispettano e lo celebrano come tale. Il patto matrimoniale è così forte e inclusivo da *giustificare* (= rendere giusta) di fronte sia a Dio sia agli uomini anche l'unione corporea.[57] È anche per questo che, "subito dopo", si chiama spesso "il bacio", perché il consenso appena contratto rende lecita quell'unione... e il bacio (e non più del bacio) è ciò che di essa agli invitati sarà dato scherzosamente di assistere.

Nessuna coppia passa per tali emozioni al decidere di avere sesso prima del matrimonio.[58] Ed è ovvio! perché non è una decisione matrimoniale;

---

56 Se questo non dovesse succedere significa che probabilmente non erano ancora pronti per il matrimonio e non si rendono pienamente conto di quel che stanno facendo.

57 K. Wojtyla, *Amore e responsabilità*, Marietti, Genova 1983, p. 160.

58 Passa certamente per tante altre emozioni, ma che non hanno nulla a che vedere con la fedeltà coniugale.

non è una decisione seria di stabilità e permanenza. E se la si volesse far passare per tale, magari per convincersi della liceità di quel sesso, si creerebbe un vero e proprio inganno (o *auto*inganno) morale. Sarebbe come dire "Facciamo sesso perché *da ora* decidiamo di condividere pienamente e per sempre le nostre vite", ma dicendolo in un tempo morale dedicato a *pensarci su* con calma e maturità ed, eventualmente, a *ripensarci*: fino a un attimo prima, se necessario. Per le stesse vittime dell'autoinganno il matrimonio rimarrà comunque il punto di non ritorno: il punto che nel dubbio non bisogna oltrepassare. Nonostante l'apparenza di impegno definitivo, il sesso prematrimoniale resta un sesso fatto *a rischio* di non prendere mai quell'impegno; a rischio cioè di essere solo occasionale e di danneggiare la futura capacità di fedeltà coniugale: c'è indubbiamente un che di egoismo e di miopia in ciò. «Il sesso prematrimoniale», ha concluso Andrew, «è difettoso [*flawed*] perché fatto senza un impegno di fedeltà; di conseguenza non è l'amore di due persone che hanno unito insieme le loro vite, non importa quanto forti possano essere i loro sentimenti. L'amore di una coppia che pratica sesso prematrimoniale può essere solo condizionale e parziale».[59]

---

59 Andrew, *Understanding Catholicism's Opposition Toward Pre-marital Sex*. Questo giudizio di Andrew è tanto più interessante in quanto non accompagnato da una condanna personale

(continua)

Innaturale?

Ho avuto questa discussione più dettagliata sul caso ideale con più di uno studente nei giorni successivi alla discussione dei papers in classe. Devo dire che, a tuttora, non mi ha convinto del tutto. Non nel senso che non mi pare un argomento sufficiente contro il sesso prematrimoniale. Credo anzi lo sia; e più che sufficiente. Che col sesso non si può scherzare, e precisamente in quanto agisce potentemente e inesorabilmente sulla personalità morale di chi lo fa, è un dato di fatto che dovrebbe mettere chiunque sull'allerta. No! Il punto è che parlare di questo dato di fatto non mi è mai apparsa la soluzione ultima alla questione.

Ho ricominciato a riflettere sulla risposta di fondo degli studenti. Sul senso di quell'*innaturale* che si sono infine un po' tutti ritrovati sulle labbra. Che intendevano, magari irriflessivamente (ma realmente), con *innaturale*?

Credo che tale parola rivela anzitutto la loro intuizione profonda che la natura ha un senso, un significato oggettivo che vi è inscritto, e che è indipendente dalle scelte umane (dal puramente

---

del sesso prematrimoniale. Andrew, tuttavia, nonostante l'insistenza dei suoi colleghi, non ha dato una spiegazione dettagliata della sua posizione, che non sono quindi in grado di riportare.

convenzionale). Un significato che noi riusciamo piano piano a penetrare. Non è forse questa anche la prima grande intuizione della filosofia greca? Che dietro l'apparente caos del divenire si cela in realtà un ordine, un disegno intelligente che ne regola efficacemente i movimenti.[60]

Non è ingenuo fisicismo o biologismo. Il giudizio degli studenti sull'*innaturalità* dei rapporti prematrimoniali non può essere paragonato a esempi stupidi come il tapparsi le orecchie, il camminare sulle mani e simili. C'è qualcosa di più; e di diverso. Talvolta, infatti, è naturale tapparsi le orecchie (per proteggerci, o per gioco...) e talvolta è naturale camminare sulle mani (per giocare, allenarci...); e quasi sempre è naturale mangiare un gelato semplicemente perché ci piace: nessuno per tali casi solleva dubbi seri di innaturalità. Lo si potrebbe semmai paragonare a tapparsi *definitivamente* le orecchie o a precludere *per sempre* i movimenti delle dita, o anche a causare l'estinzione dei gufi maculati del Pacifico. L'*innaturale* è l'intuizione di un fine e di una ricchezza intelligibili della natura: qualcosa che non va frustrato *senza che si dia un motivo sufficiente per farlo*. È evidente, ad esempio, che *non*

---

60 È certamente degno di nota che sia i primi filosofi greci *sia i miei studenti* hanno subito collegato questa prima intuizione sul senso della natura con l'esistenza di Dio (o, comunque, del divino).

bisogna tapparsi definitivamente le orecchie *a meno che* non sia l'unico modo per salvarsi la vita, o che *non bisogna* intenzionalmente estinguere i gufi maculati *a meno che* non sia l'unico modo per salvare le altre razze animali o la stessa razza umana. Il *piacere di farlo* non è un motivo sufficiente: questa è un'altra evidenza logicamente implicita nell'intuizione.

"C'è qualcosa di innaturale nel sesso occasionale!" è il giudizio intuitivo che il sesso ha un significato oggettivo intelligibile e che non si danno motivi validi per ostacolarlo o frustrarlo. È dunque al tempo stesso un'intuizione morale: l'intuizione che la natura (non il *fatto* bensì l'*ordine*) è *importante* e che il significato oggettivo del sesso è *più* importante del suo significato soggettivo. Mi spiego meglio. Nessuno nega (e soprattutto al livello intuitivo) che il piacere sia naturale. Il giudizio spontaneo di innaturalità sottende dunque una gerarchia etica. Esso significa che, nel contesto dell'agire umano (libero e responsabile), la naturalità del piacere *non deve* vanificare la naturalità oggettiva intrinseca all'azione da compiere, e che il rispetto di quest'ordine di importanza è precisamente ciò che per l'essere umano è *moralmente naturale*. L'unione coniugale possiede un valore morale più alto del mero piacere del sesso. Perciò, se il sesso fuori del matrimonio danneggia la futura possibile unione coniugale, questo stesso fatto giustifica la conclusione spontanea che quel sesso è *innaturale* e *dev'essere* evitato.

Il senso comune dell'unione coniugale

Non era dunque un semplice dato di fatto in gioco ma l'altissimo valore che la nostra coscienza attribuisce spontaneamente all'unione coniugale. Ciò che è innaturale è porre il piacere del sesso al di sopra di essa, ed è innaturale perché la nostra natura etica non conferisce al solo piacere un tale primato. Sono convinto che questa è una buona interpretazione dei giudizi di senso comune impliciti nella discussione avuta coi miei studenti. Tale interpretazione, però, sposta il problema a un altro e più profondo livello di conoscenza implicita: che cos'è quest'unione coniugale? Che sia qualcosa di molto importante è assodato, ma che cosa esattamente? Finché il "che cosa" non sarà più chiaro anche i contorni del "perché" rimarranno incerti.

Non c'è modo di esaurire la risposta, e a maggior ragione in poche righe. Cerco di aiutarmi scrutando il mio stesso senso comune, la mia conoscenza implicita. Che c'è nell'unione coniugale da farla così grande, bella e attraente? La solitudine sta sull'altra sponda: bisogna probabilmente partire da lì. L'essere umano non è fatto per stare da solo. Qualunque cosa sia "solitudine" è certamente inumano e innaturale. Il linguaggio in cui viviamo non è solitudine; e così il pensiero, fatto dell'alterità di miriadi di concetti e segni linguistici. La storia non è solitudine; e la scienza, la letteratura, la posta elettronica e la preghiera. I valori morali non sono solitudine. I nostri *corpi* non sono solitudine... Dare a qualcuno la nostra importanza ed essere importanti per qualcuno sono tutto il nostro essere morale. Nulla vale la pena se non c'è qualcuno a cui darlo, o con cui farlo e condividerlo; e nulla importa se non c'è qualcuno che pensa a noi per noi stessi, cioè che ci ama. Se Dio non c'è, se la sua provvidenza non ci dà assoluta importanza al di là del tempo e dello spazio, siamo tutti condannati all'infelicità di un'esistenza limitata e senza senso, a una solitudine cosmica.

Unione coniugale è anzitutto *creare insieme*. La vita è un grande progetto, e l'unione coniugale è l'aspirazione a progettarlo insieme e condividerne tutta l'avventura. Donazione totale, condivisione totale e accettazione totale formano i primi sentimenti morali genuini di una giovane coppia; i primi tentativi buffi di dimostrare che "niente ha senso senza di te", e "che tutto ciò che sono e faccio ti appartengono" e "che tutto ciò che ti riguarda è per me importante e mi piace". Fedeltà è dimostrare a qualcuno che vale così tanto da donargli tutto senza riserve. Chi non è fedele "per sempre" perde la possibilità di realizzare il suo essere morale.

Ma l'*insieme* del progetto coniugale non è astratto o indeterminato; non è un insieme qualsiasi e un progetto qualsiasi: è l'insieme dei due sessi e di tutto ciò che essi significano. L'*insieme* del corpo maschile è il corpo femminile, e l'*insieme* dei due è il matrimonio e la famiglia. Il *creare insieme* si estende nella storia e nelle generazioni: è il desiderio di figli che è anch'esso inscritto nella differenza e nell'unione dei due sessi. Già oltre l'esistenza individuale, il *creare insieme* si estende poi anche a Dio: è il desiderio di collaborare con Lui nella storia *co*-creando la generazione successiva e la società del domani. Il matrimonio autentico, non c'è dubbio, ha sempre una connotazione religiosa: il senso di una missione che trascende la storia orizzontale, e in cui sia lo sposo sia i figli sono misterioso dono e prestito che non può essere tradito.

Intendo tutto questo come uno schizzo della conoscenza spontanea che tutti, più o meno, abbiamo dell'unione coniugale. Tale conoscenza scaturisce gradatamente dall'esperienza (teoretico-morale) della sessualità; cioè, dal contatto esistenziale con l'essere umano maschio e femmina. È la progressiva scoperta del significato intrinseco di essa; un significato che attrae e mette in moto, senza intermediari, la ragion pratica. L'unione coniugale è il perché teoretico del sesso, dell'esistenza del duplice essere umano. Ed è *buona*; e qualunque cosa la danneggi è male e *innaturale*.

Effetto automatico, fatti e legge naturale

Tommaso d'Aquino dimostra l'illiceità del sesso prematrimoniale in maniera indiretta, in quanto esso implica o la malizia della contraccezione o il rischio irresponsabile e ingiusto di mettere al mondo un bambino fuori dall'unione stabile sponsale: il solo habitat naturale alla sua crescita e sviluppo come uomo.[61] Per i fini di Tommaso questo duplice argomento è forte e convincente (non mi soffermerò adesso su come egli lo svolge).[62] Possiamo sempre immaginare, tuttavia, il caso ideale di due soggetti così sterili da non aver bisogno di contraccettivi senza per ciò stesso incorrere in alcun "rischio". Che ci sarebbe di male in questo caso? Ci sarebbe di male precisamente che il sesso non avverrebbe nel suo contesto di significato, che è l'unione coniugale. E che, quando non avviene in quel contesto, lo danneggia necessariamente.

Tutto ciò può essere anche spiegato e approfondito tramite uno studio dell'intenzionalità degli agenti morali. Dicendo, ad esempio, che c'è in essa una mancanza di donazione e accettazione totale e una conseguente strumentalizzazione del partner; che nel sesso occasionale o prematrimoniale il linguaggio del corpo (di cui *procreazione* è una delle voci principali) parla in direzione diversa dall'occasionalità o parzialità del rapporto; che la virtù della castità – la virtù dell'armonia tra l'io corporeo e l'io spirituale – non può essere esercitata, e

---

61 T. d'Aquino, *Summa contra gentiles*, III, cap. 122.

62 Mi permetto di rimandare su ciò al mio *Dio e la legge naturale*, ETS, Pisa 1999, pp. 220-32.

che è probabilmente anche per ciò che diminuisce la capacità di fedeltà dei soggetti coinvolti; ecc.

Queste riflessioni sono certamente da fare e sviluppare. I miei studenti però avevano ragione. Il punto fondamentale da cui bisogna partire non è una riflessione astratta sui significati e sulle intenzioni, ma il fatto inequivocabile dell'effetto unitivo automatico del sesso. Un effetto che, senza dubbio, dipende dall'intenzionalità delle scelte libere degli agenti, ma che è comunque un *fatto* di (relativamente) facile interpretazione.

Il sesso prematrimoniale danneggia *di fatto* la fedeltà coniugale e bisognerà dunque meglio definirlo come sesso *anti*-matrimoniale. Chi non è d'accordo faccia pure quel che vuole (Ovvio! Non è questo il punto). Nessuno, però, potrà sfuggire al *fatto* che chi pratica sesso prematrimoniale non è un buon partito, o comunque non è il partito migliore. Ogni genitore assennato dovrebbe dare questo consiglio. Si tratta di una regola prudenziale che le statistiche sui divorzi possono facilmente confermare: chi vuole un matrimonio felice, riuscito, fedele... deve anzitutto preferire persone che non abbiano avuto altri partner sessuali; e poi, con la persona prescelta, deve cercare di aspettare la prima notte di matrimonio. Ripeto: non c'è niente di strano a dire ciò e, in fondo,... tutti lo sanno.

E neppure c'è niente di strano in questo nesso intrinseco tra fatti (corporei) e morale. Se è vero che c'è una natura umana e una legge morale naturale, ogni violazione avrà necessariamente effetti facilmente riscontrabili, magari non nel caso singolo ma certamente nei grandi numeri. Il ragionamento funziona anche al contrario: se è vero che ci sono connessioni riscontrabili tra fatti (corporei) ed effetti (morali), allora è vero che esiste una natura umana e una legge morale naturale; è vero cioè che, piaccia o no, le nostre azioni e scelte producono necessariamente certi effetti *non scelti* nella nostra personalità morale. Detto ancora più brutalmente: la legge morale è statisticamente verificabile e i suoi effetti sono scientificamente prevedibili. Non nel senso delle verifiche delle scienze empiriche ma nel senso delle verifiche empiriche *morali*: quelle delle virtù e dei vizi.

Già Aristotele ne aveva raggiunto piena consapevolezza. Per lui, si sa, la scienza morale non può assurgere allo stesso grado di certezza e stabilità delle altre scienze,[63] ma nella realtà umana non c'è nulla di più stabile e certo della virtù. «Infatti intorno a nessuna delle opere umane sussiste certezza così come intorno alle attività conformi a virtù: tutti infatti concorderanno che queste sono più stabili anche delle scienze».[64] L'amicizia del virtuoso (inclusa la particolare amicizia che si realizza

---

63 Cfr., ad es., *Eth. Nic.* I, 1, 1094b12-23.

64 Ibid., I, 11, 1100b12-15.

nell'unione coniugale) è perciò l'amicizia più stabile e durevole.[65] E una società non casta, possiamo aggiungere e *verificare* noi, sarà ricca di divorzi e povera di figli: subirà cioè tutti gli effetti del danno ai due beni principali dell'unione coniugale.

Detto incidentalmente: la verificabilità fattuale della legge naturale è anche la ragione principale del valore prudenziale da attribuire ai giudizi etici della tradizione. I *fatti* della legge morale sono infatti *molto* evidenti nel lungo periodo. Alcuni di essi possono sfuggire talvolta a qualche individuo o istituzione, e a qualche società o a qualche decennio, ma non al lungo, lento e inesorabile camminare della storia. La tradizione tende a conservare le letture migliori e più sagge della natura e a disperdere e dimenticare quelle miopi, false o menzognere. Quando siano in gioco giudizi prudenziali è sempre meglio dare più credibilità alle miriadi di uomini che ci hanno preceduto piuttosto che a pochi innovatori del nostro tempo.

C'è un ultimo punto con cui vorrei chiudere questa riflessione. Ho detto prima che i nostri giudizi spontanei sull'innaturalità di certe azioni umane si fondano sull'intuizione radicale, teoretica e morale, che c'è un ordine nella natura e che tale ordine è importante. Sono convinto che tutti condivi-

---

65 Ibid., VI, 4-5, 1156b6-1167a35.

diamo più o meno quest'intuizione radicale, e che tutti, almeno in alcuni ambiti, cerchiamo di conformarci a ciò che di quell'ordine riusciamo a comprendere. Perché?

Quell'intuizione radicale avviene in realtà in direzione trascendente. Essa nasconde l'intuizione ancora più profonda di un'Alterità personale creatrice di quell'ordine; un *Qualcuno* che lo ha voluto rendendolo importante in sé. L'ordine della natura ci parla della volontà di Dio. E se tale ordine appare più importante di quello disponibile alla soggettività del nostro piacere, ciò significa che *per natura* tendiamo prima di tutto all'unione con Dio e percepiamo la sua volontà come il fondamento di ogni moralità.[66] Ed ecco un altro fatto verificabile della legge naturale: l'uomo sinceramente etico – quello pronto a sacrificare i propri piaceri per il bene e i princìpi morali – e l'uomo sinceramente religioso tendono a coincidere.

---

66 Ho cercato di spiegare come questi elementi si intreccino armoniosamente nella filosofia di Tommaso d'Aquino nel mio *Natural Law as Inclination to God*, in corso di pubblicazione.

Parte II

84

IV. Famiglia e unioni di fatto: quando il gossip e la volgarità investono anche la storia e la cultura

L'universo massmediatico di oggi vive sempre più di gossip, di curiosità morbose, di sensazionalismi e di giudizi sommari e superficiali. Non a caso, ci sono giornalisti, politici, ex magistrati e comici che ne hanno fatto un mestiere a sé. Essi sanno che ad abbaiare contro gli avversari e a dire parolacce in pubblico si guadagnano sempre un certo successo, un qualche consenso e molti, molti soldi. E quando ci sono di mezzo i soldi, la dignità e la verità si lasciano facilmente dietro le spalle.

Ma poi a chi importa della dignità, della nobiltà d'animo, dell'onestà intellettuale? La gente della nostra società si sente poca cosa, e non aspetta altro che si dica in pubblico quanto deboli e cattivi siano anche tutti gli altri. I santi sono subdole invenzioni *giornalistiche* del Vaticano. Se non si hanno foto di Madre Teresa ai casinò e di Giovanni Paolo II nei quartieri a luci rosse è solo perché nessuno era lì, al momento giusto, a scattarle. Il gossip, il dubbio morboso e le volgarità fanno da pendant alla mancanza di autostima dell'uomo di oggi. Il giornalismo, il cinema, la televisione e internet, come la borsa, tirano l'uomo al ribasso. E in questo gioco al ribasso bisogna ora mettere dentro anche la storia, la famiglia e la Chiesa.

Il motivo, in fondo, è semplice. L'ideale di famiglia iscritto nel Cattolicesimo è molto alto: tratta l'uomo e la donna come esseri capaci di grandi virtù, di sacrificio di sé, di promesse solenni di fedeltà "nella buona e nella cattiva sorte, finché morte non ci separi". L'uomo di oggi, infedele e meschino, aspirante al grande fratello e ai posti di velina, pronto a prostituirsi fisicamente o intellettualmente pur di guadagnare qualche soldo in più... quest'uomo non può che avere in odio gli ideali del matrimonio e della famiglia perché se questi sono veri, allora è lui ad essere falso, e non è vero che tutti sono bassi e meschini come lui. È in quest'ottica che si può forse capire (ma non giustificare) la pagina culturale scandalo del *Corriere della Sera* di giovedì 5 giugno 2008, intitolata "Unioni di fatto, la storia di sempre".

Qui, Sergio Luzzatto, riferendosi – quasi come fossero testi sacri – ad alcuni recenti pseudo libri di storia, si lancia in una sua invettiva senza frontiere contro «i sermoni vaticani sul matrimonio», la «propaganda bigotta dei Family Days» e la «favola di un bel tempo andato in cui la famiglia era un'istituzione armoniosa, stabile e coesa [...] come Dio comanda». Vuole finalmente dirci la verità il buon Luzzatto: cioè, che la famiglia, come ne parla la dottrina cattolica, non è mai esistita, che la regola è data dai rapporti di fatto, e che perfino la maggior parte dei preti ha sempre avuto le sue scappatelle.

Fino alla Controriforma, ci dice, «maestri del concubinato erano i sacerdoti». E in questo sfogo ossessivo contro i cattolici, il volenteroso iconoclasta del *Corriere della Sera* non manca di citare una prostituta («cortigiana») calabrese «che nel 1639 spiegò al vicinato che la scomunica della Chiesa la "teneva in culo"». Ma che bella figura per un giornale come il *Corriere della Sera*! Che mirabile esempio di rigore critico e di fine capacità argomentativa. Con questo stile accademico, chiunque, tra cinquecento anni, potrebbe cercare di convincere i suoi lettori che la Chiesa di oggi era tutta fatta di maniaci e di omosessuali pedofili adducendo a bibliografia le sole dichiarazioni di Pannella e di alcuni esaltati anticattolici americani. Che valore avrebbe una ricostruzione storica del genere? In questo modo si può dimostrare tutto e il contrario di tutto, e si prostituiscono ai propri fini ideologici anche la storia e i suoi scienziati.

Questa mattina (6 luglio 2008), Renato Mannheimer ci dice sul *Corriere della Sera* online che il consenso al Presidente del Consiglio Berlusconi è salito dal 47 al 56%. *Repubblica* online ci dice, invece, che il Premier è sceso dal 61,4 al 46,4%. Bernard Nathanson, da parte sua, ci dice, nelle sue interviste, che, nel 1968, quando faceva campagna pro aborto in America, falsificò tutti i sondaggi sulla popolazione favorevole all'aborto e sul numero di aborti clandestini (un milione, disse, quando sapeva che ce n'erano al massimo centomila). *E Luzzatto, il 5 giugno 2008, ci viene a dire che «nella*

Bologna del 1796 [...] quasi il 40 per cento degli adulti non era sposato» e che *«in certe grandi città, il numero di nascite illegittime sfiorava il 50 per cento»*. Ma, dico… scherziamo? Qui si brancola nel buio con le cifre di oggi (nonostante gli strumenti statistici sofisticati elaborati negli ultimi decenni) e lui ci vuole dare le cifre esatte di più di duecento anni fa? Da chi è andato, dal nuovo oracolo di Delfi?

Ma noi ormai siamo abbastanza vaccinati contro questa moda ideologica di *dare i numeri*. In realtà, non c'è bisogno di essere storici per capire che il pezzo di Luzzatto e le sue fonti non brillano certo per attendibilità e per efficacia persuasiva. Uno dei punti concettualmente centrali dell'argomentazione è, ad esempio, che prima del seicento c'erano soprattutto coppie di fatto, e che soltanto successivamente «la battaglia contro i concubini divenne prioritaria, per gerarchie vaticane sempre più ossessionate dall'idea di dover sorvegliare la sessualità delle donne». Ora, a parte questa propaganda stantia sulla Chiesa e la sessualità delle donne, l'idea stessa di contrapporre famiglia regolare e coppie di fatto prima del seicento è frutto di crassa ignoranza o di malafede intellettuale (o di qualche altra cosa che non riesco proprio a immaginare in questo momento, ma che parimenti non avrebbe nulla a che vedere con la verità). Il motivo è che prima della riforma del diritto canonico cui fa cenno Manzoni nei *Promessi Sposi* (la riforma che impose a Renzo e Lucia di esprimere il loro consenso davanti a don

Abbondio, per intenderci), tutti i matrimoni regolari erano tali *perché vi era convivenza di fatto*.

Ciò non deve stupire. Secondo la dottrina cattolica, infatti, il matrimonio è un contratto che può anche concludersi per *facta concludentia*: cioè, col vivere insieme e compiere quello specifico atto sessuale che rende l'uomo e la donna *una sola carne*. La Chiesa ha sempre creduto, e crede tuttora, che – a meno che l'autorità legislativa non ponga a ciò limiti o vincoli specifici – se un uomo e una donna cominciano a vivere insieme con l'intenzione sincera di amarsi per sempre e formare una famiglia, esse contraggono a tutti gli effetti matrimonio con tutte le responsabilità morali che ne derivano. Manzoni narra precisamente di quel momento storico in cui, per esigenze di certificazione anagrafica, la Chiesa impose per la prima volta un vincolo legislativo sulla forma del matrimonio: i coniugi battezzati, come *ministri* del matrimonio, dovranno ormai esprimere esplicitamene il loro intento contrattuale davanti a un testimone qualificato (il parroco). La *forma* della celebrazione si è poi evoluta molto nelle leggi ecclesiastiche, ma ciò non cambia la *sostanza* del matrimonio, che è la *convivenza consensuale* tra uomo e donna fondata sull'amore e intesa a costituire la famiglia, che è il luogo dove il passato e il futuro della comunità politica s'incontrano e si conciliano. Sono queste caratteristiche che, per la loro importanza pubblica, hanno giustificato lungo i secoli l'evolversi di una particolare tutela giuridica del matrimonio. Il matrimonio è una *convivenza di fatto* che viene riconosciuta e tutelata dal diritto. La sua importanza è sancita proprio dal fatto che altre convivenze vengono o vietate (poligamia, rapporti incestuosi) o solo permesse (con le uniche tutele per gli eventuali figli).

Chi non sa queste cose non dovrebbe esprimersi né sul matrimonio cattolico né sulla sua storia. Figuriamoci attaccarli in quel modo sui giornali! Ma qui il problema è molto più serio. Passino pure le invettive dei talk show e delle piazze, ma lasciate in pace, per favore, la storia e l'onestà intellettuale che dovrebbe sempre caratterizzare la scienza e gli uomini di cultura. L'articolo di Luzzatto, più che un attacco al Cattolicesimo e alla famiglia tradizionale, è infatti un attacco irresponsabile alla scienza, alla ricerca e alla buona cultura. Se anche queste le facciamo cadere nel gossip volgare e nella guerra di propaganda abbiamo veramente toccato il fondo. Il *Corriere della Sera* non avrebbe dovuto permettere quell'articolo, quantomeno non nelle pagine dedicate alla cultura. E dispiace che Luzzatto non sia riuscito a frenarsi, e a riacquistare serenità di giudizio e pacatezza.

La nostra rivista, *Questioni di Bioetica*, ha una chiara ispirazione cattolica ma vuole a tutti i costi essere esempio di onestà intellettuale e di apertura al pluralismo, a un'educata ricerca scientifica e al dialogo corretto tra chi, in questa materia, la pensa in modo diverso. Sia gli autori cattolici che non cattolici sono i benvenuti sulle nostre pagine, a patto che scrivano con veridicità e con rispetto di quelle cose che hanno studiato e di cui si sono formati un'opinione qualificata. Il numero che presento adesso ai lettori è un ottimo esempio di ciò. In esso, oltre a un contributo di carattere epistemologico sulla definizione di bioetica firmato da Alessandro Pizzo, si alternano le voci contrastanti sul tema dell'aborto di Chiara Lalli e di Giuseppe Savagnone. I loro scritti rispecchiano con cordialità e precisione quegli stessi interventi che erano stati presentati a uno degli incontri pubblici promossi periodicamente dalla rivista: incontri in cui è ormai tradizione avere sempre due relatori di idee opposte che si confrontano in un clima di amicizia e di correttezza scientifica e accademica. Ricordo ancora con piacere il pranzo di quel giorno con Chiara, Giuseppe e Luciano, in cui, tra un sorso di vino e uno sprazzo di sole siciliano, e nonostante le opinioni diverse od opposte, abbiamo continuato a scherzare insieme e a discutere di svariate tematiche, bioetiche e non. Mi auguro che questo stile (di cui, grazie a Dio, non abbiamo il monopolio) sia sempre più contagioso sia dentro che fuori l'Accademia.

V. Atti omosessuali e metodi naturali: una risposta veloce

Qualche tempo fa ricevetti un messaggio da un lettore molto educato che mi citò uno dei miei libri in cui avevo scritto "che 'fine primario' non significa 'fine unico'; e che ciò che è immorale [nel matrimonio] è "pervertire" il fine primario, non "godere" del secondario."[67]

Questo lettore mi disse che stava cercando di capire meglio la morale sessuale cattolica e che, cito, "c'è un aspetto di essa che mi sembra incoerente. La Chiesa cattolica dichiara che gli atti omosessuali sono immorali, ma consente alle coppie sposate di utilizzare i cosiddetti 'metodi naturali' per il controllo delle nascite. Eppure, le due categorie di atti sembrano essere eticamente identiche. Sia le coppie omosessuali che quelle eterosessuali si impegnano in atti dai quali non può derivare alcuna procreazione". Quindi, mi chiese: "Puoi spiegarmi meglio perché gli atti omosessuali pervertono il fine primario del matrimonio mentre gli atti di una coppia eterosessuale che fa sesso solo durante i periodi sterili no?"

---

67 Cfr., F. Di Blasi, *Conoscenza pratica, teoria dell'azione e bene politico*, cit.

Questa fu più o meno la mia risposta.

Caro amico,

Secondo la morale classica, a partire dal filosofo greco Socrate, la coscienza morale opera cercando di cogliere e rispettare i significati oggettivi della realtà. Ogni azione morale è sempre legata a piaceri e dolori, da un lato, e a significati oggettivi, dall'altro. Mangiare una certa pietanza, per esempio, può essere per me molto gustoso o può essere disgustoso. In ogni caso, la mia coscienza morale potrebbe ordinarmi di mangiarlo perché fa bene alla mia salute o per altri *buoni* motivi, come non deludere la persona che l'ha cucinato. La mia coscienza morale può fare ciò indipendentemente dai miei gusti o avversioni per quella pietanza. Questo non è per nulla un ostacolo al fatto che, in assenza di altre considerazioni morali, io possa mangiare qualcosa semplicemente perché mi piace. Il fine morale oggettivo non contraddice necessariamente il piacere e viceversa. Tuttavia, il piacere da solo non dovrebbe superare l'obiettività di ciò che scelgo di fare. Da questo punto di vista, ad esempio, è sempre stato considerato immorale provocare il vomito per poter mangiare di più (pratica usata apparentemente nell'antichità dai romani alle loro feste). Le persone morali guardano sempre all'oggettività delle loro azioni e mettono il piacere al secondo posto, perché la natura del piacere è semplicemente soggettiva e relativa. Per questo si parla della persona con una buona coscienza morale come di una "persona di principio", perché i princìpi esprimono l'oggettività delle azioni piuttosto che il loro valore soggettivo.

Ora, il significato oggettivo del mangiare è solo nutritivo, anche se la cultura e la nostra natura sociale possono aggiungervi altri significati, ad esempio la convivialità tra amici e parenti. Questo significato aggiuntivo diventa importante a causa del suo impatto sulle nostre relazioni interpersonali. Oggettivamente, però, il mangiare ha un solo significato nutritivo univoco e un significato soggettivo legato al gusto (piacere/dolore). Il significato soggettivo è comune a tutte le nostre scelte perché i piaceri e i dolori sono i significati soggettivi e correlativi di ogni azione umana.

Il sesso, invece, ha due significati oggettivi. Ciò significa che può essere fatto in vista di uno solo dei due, a condizione che non si persegua l'uno a scapito dell'altro. Se una realtà ha due significati oggettivi non dobbiamo perseguirli intenzionalmente entrambi allo stesso tempo, ma dobbiamo sempre *rispettarli* entrambi se vogliamo agire secondo verità.

Il primo significato oggettivo del sesso è associato all'intera razza animale, ed è fisico, chimico e biologico prima che emotivo e psicologico. Gli animali si riproducono attraverso il sesso. Il sesso è un meccanismo riproduttivo maschio-femmina che consente alle specie di sopravvivere. Se osserviamo il sesso dall'esterno, per così dire, come fa un ricercatore neutrale con il suo oggetto di studio, questo è ciò che vediamo in tutti gli animali: cioè, una complementarità fisica e biologica che miracolosamente corrisponde a un gioco di attrazione maschio-femmina che culmina nell'accoppiamento e nella riproduzione.

Ovviamente il fatto che questo meccanismo non funzioni sempre per il singolo esemplare non cambia nulla rispetto alla comprensione oggettiva della sua funzione nei confronti della specie. Allo stesso modo, il fatto che alcuni bambini nascano senza la possibilità di usare il cervello non cambia la definizione dell'essere umano in termini di animale razionale. Le specie non sono definite da ciò che accade accidentalmente all'individuo.

Osservando il meccanismo del sesso possiamo anche vedere un significato unitivo. Il sesso non solo fa riprodurre, ma unisce gli individui della specie. Allo stesso meccanismo sessuale fisico e biologico corrisponde un'azione unitiva che opera in modo diverso quanto più si sale sulla scala evolutiva animale. Alcuni animali si uniscono attraverso il sesso solo per il tempo necessario all'accoppiamento. Sono quegli animali (come molti uccelli e rettili) in cui il contributo della coppia alla crescita e all'educazione della prole è inutile o trascurabile. Più la prole ha bisogno di aiuto e sostegno per raggiungere la maturità, più il meccanismo sessuale genera legami più forti tra maschi e femmine. Il legame tra gli esseri umani è il più forte di tutti, parallelamente al grado di educazione, anche intellettuale e morale, di cui il bambino ha bisogno per diventare adulto e indipendente. Il legame unitivo tra uomo e donna attraverso il sesso diventa amore coniugale e conduce alla famiglia, che è il legame vivo tra la generazione di ieri e la generazione di domani. Oggettivamente parlando, la cosa di cui i bambini hanno più bisogno per diventare esseri umani adulti sani è l'amore di cui partecipano in famiglia. Amare ed essere amati è ciò che i bambini imparano nelle loro famiglie più di ogni altra cosa grazie al rapporto unitivo dei loro genitori. È l'amore che genera la nuova vita dall'inizio alla maturità. Questo è il mistero e la bellezza della riproduzione umana.

Questi due significati, procreativo e unitivo, non hanno nulla a che vedere con il piacere che il sesso porta con sé. Il piacere, ancora, è il significato soggettivo che accompagna ogni atto umano. Il piacere sessuale, come il piacere di mangiare, non è una cosa negativa, anzi. Tuttavia, il piacere non deve prevalere sui significati oggettivi, altrimenti la persona, anziché agire secondo la verità, cioè secondo le direttive della coscienza morale, finisce per agire secondo il proprio anelito o concupiscenza del momento. Inoltre, il piacere è orientato verso se stessi, mentre l'amore è dono di sé agli altri. Se il piacere prende il controllo dell'intenzionalità dell'agente, l'altro tende a scomparire e a diventare un oggetto. Il significato unitivo del sesso può essere sperimentato anche se/quando il piacere, per qualsiasi ragione, non c'è o è molto limitato. La distinzione tra significato unitivo e piacere non è solo teorica, è anche etica, psicologica ed empirica.

Una caratteristica oggettiva che distingue il significato procreativo del sesso dal significato unitivo è che l'atto unitivo non sempre corrisponde al potenziale procreativo. Vorrei sottolineare che questa è una caratteristica oggettiva. Sfortunatamente, molte persone non ci riflettono abbastanza. Un onesto osservatore che cerchi di comprendere il meccanismo oggettivo del sesso nella specie umana deve prendere atto che del fatto che, per gli individui, il significato unitivo (assieme all'amore che da esso nasce e da esso dipende) è quantitativamente parlando costante e prevalente rispetto al significato procreativo, che è oggettivamente irregolare e solo potenziale. Come dire che il sesso è stato creato per unire la coppia in una relazione continua, ma non per generare un'enorme molteplicità di bambini (uno per ogni azione unitiva completa). La natura riproduttiva ciclica nel tempo degli atti sessuali è una caratteristica oggettiva di essi (e della persona) adatta ad essere analizzata e compresa in dettaglio. In una certa misura, chi vuole agire secondo la verità dei rapporti sessuali può prevedere periodi fertili e sterili, e decidere, in funzione di essi, se e quando è il caso di avere nuovi bambini rispetto alla responsabilità e possibilità di allevarli ed educarli.

Vorrei sottolineare ancora una volta che il significato unitivo non coincide con il piacere sessuale. Coloro che hanno rapporti sessuali solo in vista del loro piacere non realizzano, perseguendo un tale obiettivo, l'unità di vita e di amore tra i coniugi ai quali il sesso è ordinato. Se un coniuge trattasse l'altro come un mero oggetto di piacere, pervertirebbe semmai il significato unitivo. Un vero coniuge amorevole non sarà contrariato se per buoni motivi l'azione sessuale deve interrompersi o essere ritardata, ad esempio perché l'altra persona prova dolore o si sente improvvisamente male. L'amore mantiene l'attenzione intenzionale sulla persona, non sul piacere. Molte coppie si separano perché, alla fine della fiera, uno o entrambi i coniugi cercavano il piacere più di quanto cercassero la felicità e la realizzazione del loro partner. Cercavano il piacere a scapito dell'unità coniugale.

Detto questo, come rispettiamo il significato unitivo del sesso rispetto a quello procreativo? Per agire secondo la verità del sesso, l'essenziale è non negare nessuno dei due significati (come nel nostro precedente esempio alimentare i romani negavano il significato nutritivo vomitando per mangiare di più). Ciò significa che se una coppia vuole fare sesso (perseguendo il significato unitivo) solo quando non è suscettibile di procreare un nuovo bambino, deve limitarsi a momenti in cui il ciclo della donna non consente il concepimento. Se questo non è possibile, si eviterà semplicemente di fare sesso. Questa è la differenza etica chiave: astinenza contro vomito (come nell'esempio del mangiare), dove per "vomito" qui intendo analogamente ogni atto coniugale compiuto mentre si cerca allo stesso tempo di prevenire il concepimento influenzando il normale corso dell'atto coniugale. L'astinenza è un'azione naturale che ha lo scopo di servire, non di conquistare, i significati oggettivi del nostro sé corporeo e spirituale. Una genuina intenzionalità unitiva non ha alcun problema ad *aspettare* perché il suo scopo è rendere felice l'altro, non soddisfare le proprie aspirazioni momentanee al piacere sessuale.

Va da sé che se gli sposi fanno sesso per pura gioia, amano il gioco e il piacere senza in alcun modo ostacolare o impedire un potenziale concepimento, e senza sedersi, per così dire, ad interpretare le loro giuste intenzioni unitive o procreative, non c'è alcun problema. In realtà, il contesto di amore e rispetto per la verità in cui i coniugi dovrebbero abitualmente vivere, fa sì che questa sia piuttosto la situazione normale: cioè, fare sesso ogni volta che se ne ha voglia, con passione, piacere ed entusiasmo. Allo stesso modo in cui chi mangia abitualmente con regolarità e moderazione durante i pasti può mangiare un gelato ogni volta che ne ha voglia senza per questo negare il significato nutritivo (e conviviale, se si vuole) del cibo. Con la stessa spontaneità, ovviamente, eviteranno di mangiare il gelato se fossero accanto ad un bambino che sta morendo di fame, o aspetterebbero di fare sesso per un po' di tempo se le circostanze attuali lo suggerissero.

Con queste necessarie premesse concettuali, torno a rispondere alle domande iniziali.

1. La coppia che fa sesso quando la donna non è fertile non nega di per sé il significato procreativo. Persegue il significato unitivo proprio in un momento in cui il significato oggettivo della sessualità non conduce alla riproduzione: vale a dire, in un momento in cui il significato riproduttivo non è oggettivamente presente nei corpi umani o nell'atto sessuale. Non puoi negare qualcosa che, non essendoci, non può essere negata. Per lo stesso motivo, i coniugi sterili non negano il significato procreativo dell'atto coniugale quando perseguono l'unico significato oggettivo rimasto nei loro corpi: quello unitivo. Di nuovo, i significati oggettivi del sesso sono due, e ciascuno di essi può rendere legittimo il sesso. Il sesso è dunque ancora significativo anche quando la procreazione è impossibile. D'altra parte, coloro che sono sposati e fanno sesso con altre persone non rispettano né il significato unitivo né quello procreativo, poiché coloro che praticano sesso extraconiugale non rispettano entrambi i significati. Il significato unitivo del sesso è legato al rispetto per l'unione amorosa *esclusiva* di una coppia in cui una nuova vita può potenzialmente (ma non necessariamente) nascere ed essere adeguatamente coltivata.

2. Il sesso che avviene al di fuori di questa unione amorosa – che sia tra adulteri, tra omosessuali, tra uomini e animali, tra persone sposate e celibi, tra bambini e adulti, ecc. – non rispetta il significato procreativo ma non rispetta neppure

il significato unitivo. Il significato unitivo non è il piacere. È la ricerca della verità su noi stessi e sul vero sé del nostro coniuge, che include il suo corpo, i suoi ritmi, i suoi organi, i suoi sentimenti, il suo essere persona. Il sesso al di fuori dell'unione amorosa di un uomo e una donna che si sono impegnati l'uno con l'altra per sempre e qualunque cosa succeda è il sesso in cui la ricerca del piacere supera l'attenzione della coscienza morale per i significati oggettivi della realtà, a cominciare dai significati del proprio corpo, per poi proseguire con i significati delle relazioni interpersonali, della vita familiare, dei rapporti tra generazioni, ecc. Il problema non riguarda solo il sesso omosessuale. Il problema riguarda tutto il sesso che viene privato del suo significato oggettivo e che caratterizza la società che viene dopo la rivoluzione sessuale. Gli atti omosessuali sono una percentuale molto piccola delle preoccupazioni della Chiesa cattolica con riguardo alla perdita di significato del sesso: una perdita di significato che va di pari passo con la perdita di significato del matrimonio, della famiglia, dei figli (che sono sempre meno) e della fedeltà (che è sempre più sostituito dal divorzio).

Spero che questa spiegazione, per quanto breve e sommaria, sia di aiuto per comprendere meglio il punto di vista cattolico sulla morale sessuale. Spero anche che apprezzerai il tempo che ho dedicato a cercare di rispondere alle tue domande in un modo che, almeno dal mio punto di vista, sia adeguato e rispettoso sia di te che dei tuoi dubbi.

Un caro saluto,

Fulvio

VI. Lo scandalo dell'aborto a nascita parziale

È di pochi giorni fa (marzo 2004) la notizia che un altro ospedale statunitense – questa volta uno che afferisce all'Università del Michigan – ha attivato i suoi legali per far bloccare l'ordinanza di Bush che chiede il rilascio dei registri relativi agli aborti a nascita parziale (*partial-birth abortions*). Per decifrare questa notizia, bisogna ricordare brevemente che cos'è l'aborto a nascita parziale e quali vicende istituzionali ne hanno caratterizzato il dibattito negli Stati Uniti dal 1996 ad oggi.

L'aborto a nascita parziale è una procedura abortiva che presuppone uno stadio avanzato nello sviluppo del bambino (tecnicamente è impossibile prima del terzo mese) e che avviene così: si inverte il corpo del bambino nel grembo; si provoca il parto tirando fuori il bambino dai piedi finché rimanga dentro solo la testa; a quel punto, bambino in mano, si perfora il cranio e si succhia via il cervello così da fare implodere la testa che, finalmente, viene tirata fuori anch'essa. Questa procedura è stata eseguita migliaia di volte l'anno in molti ospedali statunitensi, generalmente su bambini tra il quinto e il sesto mese, ma anche molto oltre.

Se qualcuno avesse dubbi, ricordo il caso molto più grave del *born-alive abortion* (aborto del nato vivo), in cui il bambino nasce, appunto, vivo e viene lasciato morire in una stanza dell'ospedale senza assistenza sanitaria. I casi accertati di *born-alive abortion* hanno spinto il governo Bush a elaborare una *federal born-alive infants protection law*, che è entrata in vigore nel 2002. Nonostante ciò, sembra che alcuni ospedali continuino ancor oggi a eseguire *born-alive abortions*. Ci si potrebbe chiedere che differenza c'è tra le suddette procedure abortive e l'infanticidio. La risposta è che l'infanticidio è ormai un argomento di discussione normale nel dibattito bioetico internazionale. Ma torniamo all'aborto a nascita parziale.

Nel 1996, il Congresso (Parlamento) degli Stati Uniti approva una legge che vieta questa procedura abortiva. Clinton usa il suo potere di veto per bloccare la legge. Nel 1997, il Congresso approva nuovamente una legge che vieta il *partial-birth abortion*. Clinton esercita di nuovo il suo potere di veto. Nel 2000, caso *Stenberg v. Carhart*, la Corte Suprema degli Stati Uniti, notoriamente a maggioranza abortista, invalida (5 voti a 4) una legge novella del Nebraska che dichiara illecito l'aborto a nascita parziale: la motivazione principale ruota intorno alla tutela del diritto di scelta della donna. Si tratta di un precedente giudiziario forte che frena di fatto qualunque altro stato dell'Unione dal cercare di imitare il Nebraska. Fin qui, sei uomini – Clinton più i cinque giudici della Corte Suprema – bloccano reiteratamente il Potere Legislativo degli Stati Uniti d'America. Bush si impegna in campagna elettorale a promuovere la legge di messa al bando. Viene eletto, e mantiene la promessa. Recenti statistiche, d'altronde, dicono che circa il 68% della popolazione americana pensa che la procedura debba essere illegale, mentre solo il 25% ritiene che dovrebbe essere consentita. [68] Il 5 novembre 2003, Bush firma la legge dichiarando, tra l'altro: «Il miglior argomento contro l'aborto a nascita parziale è la semplice descrizione di che cosa avviene e a chi avviene. Esso comporta la parziale messa al mondo di un bambino o di una bambina vivi e l'immediata, violenta, fine di quella vita. La nostra nazione deve ai suoi figli un differente e miglior benvenuto». [69]

A questo punto, è lotta aperta; e il terreno prescelto sono le corti di giustizia. Lo stesso 5 novembre, un giudice di un distretto federale del Nebraska blocca l'applicazione della legge nei confronti di quattro specifici abortisti. Il giorno dopo, sei giudici federali di New York e della California emanano ordinanze che limitano fortemente l'applicazione della legge. Questi giudici ritengono che la legge è incostituzionale perché non include una *health exemption*: vale a dire, una clausola che consenta la procedura nel caso di rischio per la salu-

---

68 Cfr., http://www.lifenews.com/nat226.html.

69 Cfr.,
http://www.whitehouse.gov/news/releases/2003/11/print/2003
1105-1.html.

te della madre. Ciò non sembra del tutto irragionevole. Sennonché, pare che tale questione fosse già stata studiata a fondo da Congresso e Governo nella fase di preparazione e approvazione della legge. La conclusione è che la procedura dell'aborto a nascita parziale non è mai richiesta per salvare la vita della madre. Piuttosto, si è calcolato che nella vasta maggioranza dei casi essa viene applicata su *healthy babies of healthy mothers*. La *health exemption*, unita alla segretezza dei registri degli ospedali, può essere sempre impunemente invocata, e si tramuta di fatto in un modo per impedire qualunque legge che vieti l'aborto a nascita parziale. [Non c'è bisogno di dire, comunque, che un caso di vera necessità escluderebbe la punibilità anche senza *health exemption* esplicitamente menzionata nella legge.]

Ed eccoci, finalmente, alla notizia di partenza: per provare che la *health exemption* è in questo caso uno strumento ideologico per vanificare la legge, Bush sta chiedendo ad alcuni ospedali che hanno praticato, e continuano in parte a praticare, la procedura di consegnare i registri, così da verificare se essa sia stata qualche volta effettuata per salvare la vita della madre. L'amministrazione Bush, si è specificato, non cerca con ciò di identificare i pazienti. Tale atteggiamento di verifica sembra giustificato per un governo e un legislatore che devono decidere come regolare una materia così delicata. Ma la domanda cruciale è un'altra: «A chi spetta sul serio la decisione finale?» Posto che sia il legislatore sia il governo sia il potere giudiziario condividono i princìpi generali coinvolti nel caso, incluso quello della *health exemption*, a chi spetta, in ultima analisi, studiare la questione e decidere per tutto il paese? Non ci vuole una specializzazione in filosofia politica per capire che tale potere spetta per definizione all'organo legislativo democraticamente eletto da tutti i cittadini. Un giudice può legittimamene invitare il legislatore a prestare attenzione a, o tener conto di, uno o più princìpi di diritto ma, dopo che il legislatore lo fa, il giudice deve tirarsi indietro.

Ciò cui si assiste in questo momento negli Stati Uniti è in realtà uno scontro tra due esercizi sostanzialmente legislativi del potere di cui di fatto godono l'autorità legislativa, da una parte, e l'autorità giudiziaria, dall'altra. La differenza è che l'autorità giudiziaria non rappresenta il popolo dello stato, e non prende le sue decisioni in parlamento ma nelle camere di singole individualità. Quando un organo che non è depositario del potere legislativo lo esercita di fatto in contrasto con l'organo che ne è legittimamente titolare, il risultato è una situazione di stallo che è, al tempo stesso, una crisi della democrazia.

Perché arrivare a tanto? La verità è che gli abortisti hanno paura che il divieto dell'aborto a nascita parziale sia solo un passo verso ulteriori restrizioni e, infine, verso il divieto totale. È vero? Speriamo! La coerenza è una cosa seria. Dalla condanna dell'infanticidio e di alcuni tipi di aborto alla condanna dell'aborto in generale il passo dovrebbe essere razionalmente immediato. C'è un argomento di filosofia politica che dovrebbe risolvere definitivamente la questione per qualunque persona onesta e di buon senso. Nell'attuale dibattito etico, lo si chiama talvolta argomento tuzioristico. Io l'ho sempre chiamato argomento del cespuglio. Se un cacciatore avesse il ragionevole dubbio che dietro un cespuglio non v'è un coniglio ma un essere umano non potrebbe sparare; e se lo facesse, uccidendo un essere umano, la condanna sarebbe inevitabile. Tutto il diritto penale si basa su questo principio: se esiste anche un piccolissimo dubbio sull'innocenza di una persona non la si può condannare; e finché non viene condannata si presume l'innocenza. Ora, ammesso *e non concesso* che esista un ragionevole dubbio sul fatto che la vita di un essere umano come tale comincia al momento del concepimento o alla quattordicesima settimana o al settimo mese o al sesto anno di età, a nessuno dev'essere concesso di sparare. E a un osservatore imparziale, la presenza di un dubbio dovrebbe essere il dato più evidente dell'attuale forte e intenso dibattito scientifico, giuridico, filosofico, ecc. sullo statuto dell'embrione. L'unico dato *fuor di dubbio* è l'elemento biologico con cui si può individuare lo sviluppo – a qualunque stadio – di un individuo appartenente a una certa specie. Quando la specie è quella umana, tale individuo è il fondamento stesso del sistema democratico, in cui ogni soggetto è uguale a tutti gli altri e non può essere violato per gli interessi particolari di chicchessia. Chi comincia a dire che quello con la pelle nera o quello di 14 settimane o quello ebreo o quello andicappato o quello molto anziano non sono del tutto degni di tutela o che il loro diritto alla vita va *bilanciato* con la libertà di scelta di altri soggetti, costui dà inizio al totalitarismo e mette in crisi il fondamento della democrazia. La verità, diciamolo pure, è che il dibattito sull'aborto è essenzialmente irrazionale da parte degli abortisti. Lo vogliono perché lo vogliono. Tutto il resto non conta.

VII. Aborto a nascita parziale: finalmente vietato!

Il 18 aprile scorso (2007) la Corte Suprema degli Stati Uniti d'America – sentenza *Gonzales, Attorney General v. L. Carhart et al. e v. Planned Parenthood et al.* – ha respinto tutti i rilievi di incostituzionalità che si erano da tante parti levati contro il *Partial-Birth Abortion Ban Act*: una legge promossa da Bush per vietare il cosiddetto aborto a nascita parziale e approvata dal Congresso nel 2003.[70] Secondo molti studiosi e osservatori, lo scandalo dell'aborto a nascita parziale ha negli ultimi anni causato una rilevante diminuzione del numero di aborti e ha fortemente influenzato, almeno a partire dal 1996, la politica americana e le ultime elezioni presidenziali.[71] Ma che cos'è l'aborto a nascita parziale e qual è la sua storia?

Brevemente: L'aborto a nascita parziale è una variante del metodo "Dilatazione ed Evacuazione" (*D&E*), che è il metodo abortivo più adottato

---

70 Cfr., Attorney General v. L. Carhart et al., http://www.supremecourtus.gov/opinions/06pdf/05-380.pdf.

71 Cfr., F. Di Blasi, "E il prossimo inquilino della Casa Bianca come la pensa?", Il Domenicale, 23 ottobre 2004.

nel secondo trimestre di gravidanza. La *D&E* implica un allargamento dell'apertura dell'utero sufficiente a inserire i ferri, dilaniare il feto ed estrarlo pezzo per pezzo. Normalmente, ricorda la Corte Suprema, si richiedono dai 10 ai 15 passaggi per la totale *evacuazione*. L'aborto a nascita parziale (detto a volte *"Intact D&E"*) avviene invece così: si inverte il corpo del bambino nel grembo; si provoca il parto tirando fuori il bambino dai piedi finché rimanga dentro solo la testa, e, bambino in mano, si perfora il cranio e si succhia via il cervello così da fare implodere la testa che, finalmente, viene tirata fuori anch'essa. Questa procedura, che ha il *vantaggio* (se così si può dire) di evitare di fare a pezzi il bambino dentro l'utero, è stata eseguita migliaia di volte l'anno in molti ospedali statunitensi, generalmente su bambini tra il quinto e il sesto mese, ma anche molto oltre. Parente stretto di questa procedura è il caso molto più grave del *born-alive abortion* (aborto del nato vivo), in cui il bambino nasce, appunto, vivo e viene lasciato morire in una stanza dell'ospedale senza assistenza sanitaria. Si è parlato, in questi casi, di *diritto all'aborto fallito*, ovvero di esecuzione dell'aborto *dopo* il parto. I casi accertati di *born-alive abortion* hanno spinto il governo Bush a elaborare una *federal born-alive infants protection law*, che è stata approvata dal Congresso ed è entrata in vigore nel 2002.

L'aborto a nascita parziale, ricorda sempre la sentenza dell'aprile scorso, diventa di dominio pubblico nel 1992, quando il dott. Martin Haskell offre una presentazione pubblica del suo modo di eseguire l'operazione come variante della *D&E*, e lo spiega così:

> «*A questo punto, il chirurgo non mancino fa scivolare le dita della [mano] sinistra sulla schiena del feto e "aggancia" le spalle del feto con l'indice e le dita ad anello (palmo in basso). Mentre mantiene questa tensione, sollevando l'apertura dell'utero e applicando una trazione sulle spalle con le dita della mano sinistra, il chirurgo prende un paio di forbici Metzenbaum molto arrotondate con la mano destra. Avanza con cautela la punta, incurvata verso il basso, lungo la colonna vertebrale e sotto il suo dito medio finché avverte il contatto con la base del cranio sotto la punta del dito medio. Il chirurgo forza dunque le forbici dentro la base del cranio o nel foramen magnum. Dopo aver penetrato il cranio con successo, egli allarga le forbici per rendere più ampia l'apertura. Il chirurgo rimuove le forbici, introduce un catetere di aspirazione nel buco, e procede all'evacuazione del contenuto del cranio. Con il catetere ancora*

lì, egli applica una trazione al feto rimuovendolo completamente dal paziente».[72]

Questa, spiega la sentenza, è una descrizione clinica. Quest'altra è invece la descrizione del metodo fatta da un'infermiera che ha assistito il dott. Haskell in un aborto praticato su una donna quasi al settimo mese:

«Il dott. Haskell entrò con le forcipi, afferrò le gambe del bambino e le tirò fuori lungo il canale di nascita. Dunque, fece uscire il corpo e le braccia: tutto tranne la testa. Il dottore tenne la testa proprio den-

---

72 «At this point, the right-handed surgeon slides the fingers of the left [hand] along the back of the fetus and "hooks" the shoulders of the fetus with the index and ring fingers (palm down). While maintaining this tension, lifting the cervix and applying traction to the shoulders with the fingers of the left hand, the surgeon takes a pair of blunt curved Metzenbaum scissors in the right hand. He carefully advances the tip, curved down, along the spine and under his middle finger until he feels it contact the base of the skull under the tip of his middle finger. [T]he surgeon then forces the scissors into the base of the skull or into the foramen magnum. Having safely entered the skull, he spreads the scissors to enlarge the opening. The surgeon removes the scissors and introduces a suction catheter into this hole and evacuates the skull contents. With the catheter still in place, he applies traction to the fetus, removing it completely from the patient» (cfr, Gonzales, Attorney General v. L. Carhart et al., cit.).

tro l'utero... Le piccole dita del bambino si aprivano e si chiudevano con forza, e i piedini scalciavano. A quel punto, il dottore conficcò le forbici nella nuca e le braccia del bambino si allungarono di scatto, come una reazione improvvisa, come un sussulto, come un bambino fa quando pensa di stare per cadere. Il dottore divaricò le forbici, conficcò un potente tubo di aspirazione nell'apertura e risucchiò il cervello del bambino. Il bambino si afflosciò... Egli tagliò il cordone ombelicale e tirò fuori la placenta. Poi gettò il bambino in un recipiente insieme alla placenta e agli strumenti che aveva appena usato».[73]

---

73 «Dr. Haskell went in with forceps and grabbed the baby's legs and pulled them down into the birth canal. Then he delivered the baby's body and the arms—everything but the head. The doctor kept the head right inside the uterus... The baby's little fingers were clasping and unclasping, and his little feet were kicking. Then the doctor stuck the scissors in the back of his head, and the baby's arms jerked out, like a startle reaction, like a flinch, like a baby does when he thinks he is going to fall. The doctor opened up the scissors, stuck a high-powered suction tube into the opening, and sucked the baby's brains out. Now the baby went completely limp... He cut the umbilical cord and delivered the placenta. He threw the baby in a pan, along with the placenta and the instruments he had just used» (cfr, Gonzales, Attorney General v. L. Carhart et al., cit.).

Questa pratica abortiva solleva presto un grosso clamore e, negli anni immediatamente successivi, provoca una forte e travagliata reazione istituzionale. Nel 1996, il Congresso (Parlamento) degli Stati Uniti approva una legge che la vieta. Clinton usa il suo potere di veto per bloccare la legge. Nel 1997, il Congresso approva nuovamente una legge che vieta il *partial-birth abortion*. Clinton esercita di nuovo il suo potere di veto. Nel 2000, caso *Stenberg v. Carhart*, la Corte Suprema degli Stati Uniti, notoriamente a maggioranza abortista, invalida (5 voti a 4) una legge novella del Nebraska che dichiara illecito l'aborto a nascita parziale: la motivazione principale ruota intorno alla tutela del diritto di scelta della donna. Si tratta di un precedente giudiziario forte che frena di fatto qualunque altro stato dell'Unione dal cercare di imitare il Nebraska. Fin qui, sei uomini – Clinton più i cinque giudici della Corte Suprema – bloccano reiteratamente il Potere Legislativo degli Stati Uniti d'America. Sia Al Gore che Kerry, nelle rispettive campagne elettorali, dichiarano che avrebbero continuato a porre il veto a future leggi contro il *partial-birth abortion*. Bush si impegna invece a promuovere la legge di messa al bando. Viene eletto, e mantiene la promessa. Recenti statistiche, d'altronde, dicono che circa il 68% della popolazione americana pensa che la procedura debba essere illegale, mentre solo il 25% ritiene che dovrebbe essere consentita.[74] Il 5 novembre 2003, Bush firma la legge dichiarando, tra l'altro: «Il miglior argomento contro l'aborto a nascita parziale è la semplice descrizione di che cosa avviene e a chi avviene. Esso comporta la parziale messa al mondo di un bambino o di una bambina vivi e l'immediata, violenta, fine di quella vita. La nostra nazione deve ai suoi figli un differente e miglior benvenuto».[75]

A questo punto, è lotta aperta; e il terreno prescelto sono le corti di giustizia. Lo stesso 5 novembre, un giudice di un distretto federale del Nebraska blocca l'applicazione della legge nei confronti di quattro specifici abortisti. Il giorno dopo, sei giudici federali di New York e della California emanano ordinanze che limitano fortemente l'applicazione della legge. Questi giudici ritengono che la legge sia incostituzionale perché non include una *health exception*: vale a dire, una clausola che consenta la procedura nel caso di rischio per la salute della madre. Ciò non sarebbe irragionevole. Sennonché, come fa notare la Corte il 18 aprile 2007, la legge vieta di «eseguire consapevolmente un

---

74 Cfr., http://www.lifenews.com/nat226.html.

75 Cfr.,
http://www.whitehouse.gov/news/releases/2003/11/print/2003
1105-1.html.

aborto a nascita parziale [...] che non sia necessario a salvare la vita della madre». La clausola dunque c'è... *anche se non ce ne sarebbe bisogno* perché, dagli studi promossi dal Congresso, emergeva già che la procedura non è mai richiesta per salvare la vita della madre. Piuttosto, si era calcolato che nella vasta maggioranza dei casi essa veniva applicata su *healthy babies of healthy mothers*. Per verificare meglio questo aspetto – se la procedura fosse mai stata usata per salvare la vita della madre – Bush aveva anche chiesto ad alcuni ospedali di consegnare i registri relativi agli aborti a nascita parziale effettuati; il Governo si sarebbe impegnato a tutelare la privacy dei pazienti. Ma gli ospedali rifiutarono e attivarono i loro legali per bloccare l'ordinanza.

In realtà, la *health exception* che invocavano gli abortisti non riguardava la vita della madre ma imprecisate condizioni di salute (anche psicologiche o esistenziali) potenzialmente in grado di contenere qualunque motivazione possa spingere una donna a scegliere di abortire. Il 18 aprile scorso, la Corte Suprema degli Stati Uniti d'America ha rifiutato la legittimità di questo vincolo al potere legislativo in favore di un presunto diritto assoluto e illimitato all'aborto. Nel far ciò, ha evidenziato non solo l'esistenza di un legittimo interesse dello Stato per i diritti e la salute della donna ma anche per la vita del feto e «l'integrità ed eticità della professione medica». I fini espliciti della legge del 2003, dice la sentenza, sono «proteggere la vita umana innocente da una procedura brutale e inumana e proteggere l'eticità e la reputazione della professione medica».

La *Gonzales, Attorney General v. L. Carhart et al.* non rinnega i princìpi delle sue precedenti sentenze pro aborto, prime fra tutte la famosa *Roe v. Wade* del 1973; ma si muove certamente su un terreno minato, come emerge anche dall'opinione dissenziente del giudice Ginsburg, sottoscritta da altri tre dei nove giudici della Corte Suprema. È vero, come sostengono molti abortisti, che il divieto del *partial-birth abortion* è solo un passo verso ulteriori restrizioni all'aborto e, infine, verso il divieto totale? Speriamo! La coerenza è una cosa seria. In effetti, dalla condanna dell'infanticidio e di alcuni tipi di aborto alla condanna dell'aborto in generale il passo, sia umano che concettuale, non è difficile.

VIII. Pacchioni, nerd e leggi sull'omofobia

Un numero crescente di politici e cittadini comuni sembra avere le "leggi anti-omofobia" in cima alla lista della loro agenda. Hanno un buon motivo per farlo. Nessuno dovrebbe essere soggetto a violenza o discriminazione a causa del suo orientamento sessuale. Nessuno dovrebbe essere vittima di bullismo perché è gay. Giusto. Ma abbiamo bisogno di leggi specifiche per questo?

Diciamo che approviamo una legge secondo la quale le persone che bullizzano i gay, le lesbiche, ecc., saranno punite con multe di migliaia di euro (come hanno fatto qualche anno fa in Catalogna). Secondo una legge del genere, se qualcuno si rivolge a un ragazzo dicendo: "Ehi, frocio, vai a sederti da qualche altra parte!" sarà giustamente punito e ci penserà due volte prima di rifarlo. Chi avrebbe dubbi su una cosa del genere? Ma che succede se qualcun altro si rivolge a una ragazza dicendo: "Ehi grassona, vai a sederti da qualche altra parte"?

È risaputo che molte giovani ragazze si suicidano a causa degli insulti e del bullismo che subiscono a causa del loro peso. Le persone obese possono subire oggi violenze molto più serie e pesanti degli omosessuali o di chiunque altro, anche perché non ci sono così tante organizzazioni internazionali e star di Hollywood che combattono per i loro diritti. Le ragazze e i ragazzi grassi o obesi non si sentono altrettanto amati. Valgono meno degli omosessuali. Perché non dovremmo approvare una medesima legge per proteggere le persone obese (soprattutto quando sono giovani)?

E che dire poi dei nerd? Avete mai assistito a qualche episodio di bullismo contro i nerd? Avete mai visto il loro dolore? Non c'è dubbio: ci vuole un'identica legge che protegga i nerd. Ancora, chi lo metterebbe in dubbio? I gay non hanno un diritto migliore o più importante dei nerd di essere difesi dai bulli. E se qualcuno dovesse maltrattare me perché sono italiano o siciliano?

Conosco un ragazzo delle scuole medie che è stato vittima di bullismo perché non voleva dire parolacce. Già, proprio per questo motivo: per non voler assuefarsi al clima volgare imposto dai suoi simili a scuola. Il problema divenne molto serio per lui soprattutto durante una trasferta sciistica sulle Alpi con un club nazionale. C'erano diverse ragazze che volevano essere "accettate" dal gruppo di punta (dal branco più potente), composto da ragazzi tra gli 11 ei 17 anni. Lo sport principale di questo gruppo (oltre allo sci) era molestare alcune di quelle ragazze, palpeggiarle e usare ogni tipo di volgarità come fosse cosa divertente. Lui aveva 12 anni, credo, ed era solo, senza parenti e senza i suoi amici veri. Tenne duro, però, rifiutandosi di prendere parte a quelle conversazioni (e azioni) frivole, violente e offensive. Per questo motivo, divenne il bersaglio preferito del branco durante l'intero accantonamento sciistico di una decina di giorni. Una volta gli fecero usare per la faccia gli asciugamani usati dagli altri per i piedi e le parti intime. Qualche altra volta si arrivò alle mani.

Io, in tutta la mia esperienza scolastica, non ho mai visto gay o lesbiche essere vittime di bullismo. Ricordo molti casi di nerd bullizzati, incluso un mio compagno di classe che costrinsero a togliersi le scarpe nuove e tornare a casa scalzo. La sua colpa era di essere timido. Io stesso sono stato a volte vittima di bullismo. Una volta perché, secondo alcuni bulli, mi vestivo in modo troppo sistemato. Un'altra perché non accettavo lo scherzo in voga, in un certo periodo, di toccare con un certo dito il mio e gli altri posteriori dei miei compagni. Sarà un mio limite, ma non ne compresi mai l'ironia. In quel caso, però, il bullo capo, dopo che facemmo a pugni, iniziò a rispettarmi e divenne addirittura un mio fan. Miracoli di gioventù.

Sicuramente, il nerd timido che ricordavo poc'anzi ed io avremmo potuto usare una legge speciale in nostro favore più di tanti gay e lesbiche. Ma lasciamo stare. Evitiamo di rivendicarla ora. Facciamo che rinunciamo tutti ai nostri diritti speciali e alle nostre leggi *ad personam*. Sediamoci tutti insieme, piuttosto, e facciamo leggi ragionevoli universali contro la violenza, la discriminazione, il bullismo e altri episodi simili. Dopotutto, la giustizia è universale. Dovrebbe valere per tutti allo stesso modo. Non dovrebbe essere un privilegio per classi speciali di persone.

COLLANA THOMISTICA

Piccoli libri per un grande pensatore

Questa collana si propone di accogliere testi agili e dal taglio spiccatamente divulgativo che possano contribuire ad una migliore comprensione del pensiero tomistico da parte del lettore contemporaneo.

01 ADRIANO VIRGILI – Tommaso d'Aquino spiegato a mio cugino
02 ADRIANO VIRGILI – L'esistenza di Dio
03 FULVIO DI BLASI – Questioni di Legge Naturale

Per informazioni sui nostri libri e le nostre attività, consultate:
HTTPS://PHRONESIS.IT/